Diese Persönliche Chronik ist für:

Das Buch vom 30. März

Ein ganz besonderer Tag

Der 30. März

... ein ganz besonderer Tag

Im christlichen Europa gedenken die Gläubigen am 30. März der seliggesprochenen Dietmut von Wessobrunn, die 1130 starb, und des heiligen Johannes Klimakos, der im 7. Jahrhundert als Abt im Heiligen Land lebte.
Auf dem 30. März versammelten sich im Lauf der Jahrhunderte zahlreiche weltbewegende Ereignisse aus Kultur, Gesellschaft und Politik:

1474 verzichtet die Habsburger-Dynastie in einem Vertrag auf ihre Ansprüche auf Gebiete der Schweizer Genossenschaft.
1842 setzte der Arzt Crawford Long erstmals Äther als Narkosemittel bei einer Operation ein.
1856 besiegelte der Friede von Paris den Krimkrieg, durch den Rußland die Vorherschaft auf dem Balkan verlor.

Der 30. März hat auch viele berühmte Geburtstagskinder vorzuweisen: Dazu gehören der Unternehmer Friedrich Wilhelm Raiffeisen, der die genossenschaftlichen Spar- und Darlehenskassen ins Leben rief, der spanische Maler Francisco de Goya, der niederländische Maler Vincent van Gogh, Wegbereiter des Expressionismus, und die österreichische Schriftstellerin Erika Mitterer.

Was die Sterne sagen

Im Zeichen des Widders
21. März bis 20. April

Im »Mond der knospenden Bäume« sind nach indianischer Astrologie diejenigen geboren, die an einem 30. März das Licht der Welt erblickten. Ihr Glücksstein ist der Feueropal. Die europäische Astrologie schreibt den Widdern ganz besondere Eigenschaften zu: Sie gelten als starke und ausgeglichene Persönlichkeiten. Mit großem Selbstvertrauen ausgestattet, ruhen sie in sich selbst. Nur gelegentlich schalten Widder-Geborene allzusehr auf stur. Ihr ausgeprägtes Durchsetzungsvermögen macht Widder zu echten Karriere-Menschen. Unter ihnen finden sich viele, die Außerordentliches geleistet haben:
Der spanische Maler Juan Gris, der mit Pablo Picasso den Kubismus erfand, gehört ebenso dazu wie der moderne Architekt Ludwig Mies van der Rohe. Auch in der schreibenden Zunft finden sich berühmte Widder: so der Gesellschaftskritiker Heinrich Mann und der Erfolgsautor Patrick Süskind. Die Unterhaltungsbranche wird ebenfalls von zahlreichen Widder-Geborenen bevölkert. Zu ihnen zählen die Schauspieler Leonard Nimoy, besser bekannt als Spock, und Richard Chamberlain. Beispiele für Widder-Persönlichkeiten aus der Politik sind der britische Premier John Major und der Ex-Bundesaußenminister Hans-Dietrich Genscher.

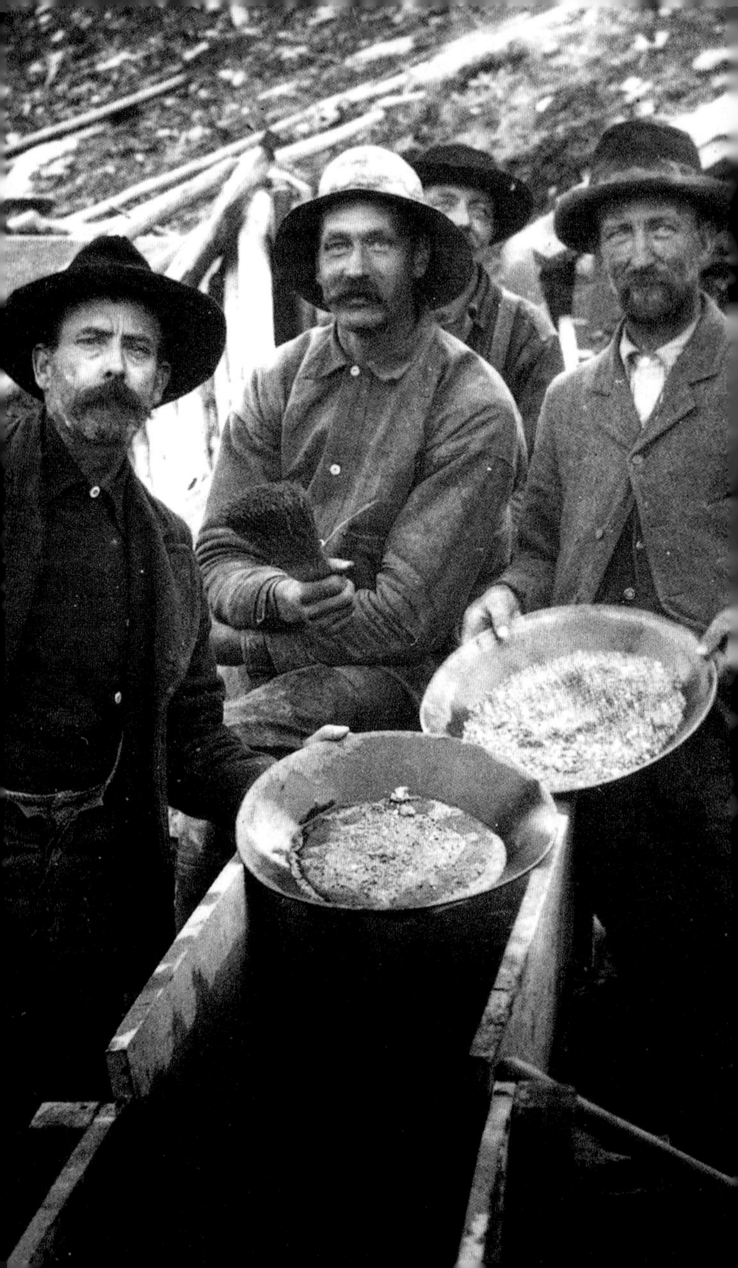

1900–1909

Highlights des Jahrzehnts

1900
- Weltausstellung in Paris
- Niederschlagung des Boxeraufstandes in China
- Uraufführung der Oper »Tosca« von Giacomo Puccini in Rom
- Probefahrt des ersten Zeppelins »LZ 1«

1901
- Die britische Königin Victoria stirbt
- Erste Nobelpreise verliehen
- Thomas Mann veröffentlicht die »Buddenbrooks«
- Mordattentat auf US-Präsident McKinley, Theodore Roosevelt wird Nachfolger

1902
- Beendigung des Burenkrieges in Südafrika
- Krönung Eduards VII. zum König von Großbritannien
- Inbetriebnahme der Transsibirischen Eisenbahn
- Kunstströmung »Jugendstil« auf dem Höhepunkt

1903
- Serbischer König Alexander I. ermordet
- Erste Tour de France
- Erster Motorflug der Brüder Wright
- Kampf der Suffragetten um das Frauenwahlrecht
- Margarethe Steiff präsentiert den »Teddy-Bären«

1904
- Hereroaufstand in Deutsch-Südwestafrika
- Beginn des Russisch-Japanischen Krieges
- Arthur Korn gelingt die erste Bildtelegraphie

1905
- Petersburger »Blutsonntag«
- Tangerbesuch Wilhelms II. führt zur Ersten Marokkokrise
- Albert Einstein entwickelt »Spezielle Relativitätstheorie«
- Künstlergemeinschaft »Die Brücke« wird gegründet

1906
- Revolutionäre Unruhen und erstes Parlament in Rußland
- Roald Amundsen duchfährt die Nordwestpassage
- Dreyfus-Affäre beigelegt
- Erdbeben verwüstet San Francisco

1907
- Pablo Picasso malt »Les Demoiselles d'Avignon« und begründet den Kubismus
- Erste Farbfotografien von Louis Jean Lumière

1908
- Ford baut Modell T (»Tin Lizzy«)
- Österreich-Ungarn annektiert Bosnien und Herzegowina
- Durchbruch der olympischen Idee bei Spielen in London
- 30 000 Jahre alte Statuette (Venus von Willendorf) gefunden

1909
- Robert E. Peary erreicht als erster Mensch den Nordpol
- Louis Blériot überfliegt den Ärmelkanal
- Unruhen in Persien: Schah Mohammed Ali dankt ab

◀ Auf der Jagd nach Reichtum und Glück: Goldsucher in Alaska (1901)

1900

Freitag 30. März

Politik

Französische Soldaten stürmen eine Siedlung des Nomadenvolkes der Tuareg in der Sahara. Sie stehen den Plänen der Kolonialmacht Frankreich im Weg, die eine Eisenbahnstrecke durch das Gebiet bauen will. Sie soll die Mittelmeerkolonien des Landes mit den zentralafrikanischen Besitzungen verbinden. Die Durchführung des Projekts scheitert jedoch am Widerstand der Tuareg. Frankreich schwang sich im 17. Jahrhundert zur Kolonialmacht auf. Inzwischen ist es die Nummer eins in Afrika – vor Briten und Deutschen.

Gesellschaft

Aus dem ewigen Eis der Antarktis kehrt der Norweger Egebert Borchgrevink wohlbehalten zurück. Er brach 1898 zu seiner Expedition in Richtung Südpol auf. Erst 1911 gelingt es seinem Landsmann Amundsen als erstem Menschen, an den Pol selbst zu gelangen. Sein Rivale Robert Falcon Scott kommt mit seinen Begleitern ums Leben.

Wetter

Viel kühler als zu erwarten ist es im März 1900. Während der langjährige Mittelwert für den Monat bei 3,9 °C liegt, erreicht das Thermometer diesmal nur 1,7 °C.

1901

Samstag 30. März

Politik

Maßnahmen zur »Germanisierung« der Ostprovinzen beschließt der preußische Landtag. Seit fast 30 Jahren bemühen sich Rechte und Konservative darum, die polnische Minderheit aus den östlichen Provinzen Preußens zu vertreiben. Tausende von Polen, die sich weigerten, die deutsche Staatsangehörigkeit anzunehmen, wurden ausgewiesen. Die neueste Idee der Deutschtümler ist das Verbot polnischen Schulunterrichts. Streiks und Demonstrationen sind die Antwort.

Sport

Das traditionelle britische Achterrennen der Studenten-Ruderer endet in London mit dem Sieg der Mannschaft aus Oxford. Sie trat wie jedes Jahr gegen die Jungakademiker aus Cambridge an. Das Rennen wird seit 1829 ausgetragen.

Rekorde 1900–1909

400 m: Maxey Long (USA) – 47,8 sec (1900)
Weitsprung: Peter O' Connor (IRL) – 7,61 m (1901)
Stabhochsprung: Walter Dray (USA) – 3,90 m (1908)
Kugelstoßen: R. Rose (USA) – 15,56 m (1909)

Wetter

Der Frühling kündigt sich endlich an. Nachdem in den ersten beiden Monaten strenge Minustemperaturen geherrscht haben, steigt das Thermometer im März auf Werte um 3,5 °C.

1902

Ostersonntag 30. März

Gesellschaft

Ein Kinderspielplatz, der kürzlich in London eröffnet wurde, findet große Aufmerksamkeit. Die Zeitschrift »Woche« widmet ihm eine ganze Seite. Im Deutschen Reich sind Spielplätze unüblich. Für die 353 000 kleinen Berliner steht kein einziger zur Verfügung. Die Kinder ärmerer Familien müssen ohnehin meist arbeiten und verbringen ihre wenige Freizeit auf den Straßen, die Sprößlinge reicher Familien werden wohlbehütet zu Hause beaufsichtigt. Erst seit wenigen Jahren rückt die Frage nach kindgerechter Erziehung in den Vordergrund. Die schwedische Pädagogin Ellen Key forderte 1900 in ihrem Werk »Das Jahrhundert des Kindes« mehr Freiraum statt strenger Disziplin.

Kultur

Zur feierlichen Enthüllung schreiten die Stadtväter Bonns. Sie weihen vor dem Westportal des Münsters den sog. Martinsbrunnen ein, den Baumeister Heinrich Goetschmann entwarf.

Wetter

Buchstäblich ins Wasser fällt der März in diesem Jahr. Der zu erwartende Niederschlag, der für den Monat bei 31 mm liegt, wird weit übertroffen. 75 mm geben die Wolken von sich.

1903

Montag 30. März

Politik

Ein geheimes Schreiben richtet der Chef des Generalstabs der Armee, von Schlieffen, an die Reichsregierung. Er fordert Maßnahmen, die einen Generalstreik der Arbeiter im Kriegsfall verhindern. Die seit Wochen anhaltenden Streiks in den Niederlanden machen von Schlieffen nervös. Massenstreiks sind ein bislang fast unbekanntes Phänomen. Erst mit dem Aufbau von Industriebetrieben entwickelte sich in den letzten Jahrzehnten die Arbeiterbewegung. Regierung und Militärs befürchten, daß die Arbeiter den Streik als politische Waffe einsetzen.

Preise in den Jahren 1900–1909

1 kg Butter	2,46
1 kg Mehl	0,35
1 kg Fleisch	1,55
1 Ei	1,05
1 l Vollmilch	1,00
10 kg Kartoffeln	0,65

in Mark, Stand 1905

Politik

Auf Europa-Tournee geht der britische König Eduard VII. Wichtigste Station ist Frankreich. Die beiden Großmächte verbünden sich gegen das aggressive deutsche Weltmachtstreben. Sie fühlen sich durch die deutsche Flottenaufrüstung bedroht.

Wetter

Besonders schön ist der März in diesem Jahr. Die Temperaturen steigen auf 7,1 °C.

1904

Mittwoch 30. März

Gesellschaft

Deutsche Naturschützer gründen in Dresden den »Bund für Heimatschutz«. Seine Mitglieder sehen sich als Retter der heimischen Tier- und Pflanzenwelt und kümmern sich außerdem um den Erhalt historischer Gebäude. Der Bund liegt voll im Trend. Der rasante Aufbau von Industriezentren sorgt besonders in deutschen Großstädten für hektisches Gedränge. Die Sehnsucht nach dem freien Leben in der Natur läßt Vereine wie den »Wandervogel« (1901) entstehen, der Lagerfeuerromantik und Naturerlebnis für Jugendliche bietet.

Politik

Über die Flotte des Nachbarn Frankreich berichtet die deutsche Presse. Im Pariser Parlament wurde gestern Marineminister Pelletan für den schlechten Zustand der französischen Flotte scharf kritisiert. Die deutsche Reichsregierung bemüht sich seit Jahren darum, durch eigene Flottenrüstung die Großmächte Frankreich und Großbritannien einzuholen. Ziel der Deutschen ist es, in den Clan der Großmächte aufgenommen zu werden.

Wetter

Mit 4,1 °C recht mild ist es im März 1904. Es fallen 17 mm Regen (langjähriger Mittelwert 31 mm).

1905

Donnerstag 30. März

Politik

Auflösungserscheinungen zeigt das ehemals mächtige Osmanische Reich. Die Mittelmeerinsel Kreta, die seit über 250 Jahren unter osmanischer Herrschaft steht, verlangt den Anschluß an Griechenland. Damit setzt sich die griechisch-orthodoxe Bevölkerung gegen die moslemische Minderheit durch. Schon 1897 brach ein progriechischer Aufstand aus. Seither ist Kreta autonome Provinz. Das geschwächte Osmanische Reich kann die Abspaltung nicht verhindern. 1908 erklärt die Insel den Anschluß, der 1913 endgültig vollzogen wird.

Gesellschaft

Sherlock Holmes darf nicht sterben. Der britische Schriftsteller Sir Arthur Conan Doyle nimmt seine Ankündigung zurück, keine Romane mit der von ihm erfundenen Detektiv-Figur mehr zu schreiben. Die Proteste der Leserschaft lassen Holmes wiederauferstehen.

Stars der Jahre 1900–1909

Isadora Duncan
Tänzerin

Gustav Mahler
Komponist/Dirigent

Anna Pawlowa
Tänzerin

Sarah Bernhardt
Schauspielerin

Orville/Wilbur Wright
Flieger

Wetter

Feuchter und wärmer als gewöhnlich präsentiert sich der März 1905. Es fallen 41 mm Niederschlag.

1906

Freitag 30. März

Politik

Eine äußerst umstrittene Auszeichnung wird dem ehemaligen Oberkommissar über die britische Kolonie Südafrika zuteil. Gegen den Willen der Regierung beschließt das britische Oberhaus, Alfred V. Milner für seine Verdienste im Burenkrieg auszuzeichnen. Den Krieg brach Großbritannien 1899 gegen die von deutschen und niederländischen Siedlern abstammenden Buren in Südafrika vom Zaun. Ihre Republiken behinderten die kolonialen Interessen der Briten. 1902 siegten die Briten. Das brutale Vorgehen Milners gegen die Buren brachte Großbritannien jedoch in Verruf.

Politik

Mißhandlungen in der Armee prangert der preußische Kriegsminister vor dem Reichstag in Berlin an. 1905 wurden 665 Offiziere angeklagt, weil sie untergebene Soldaten schlugen. Das Problem ist nicht neu. Schon 1903 beschloß der bayerische Landtag, prügelnde Offiziere zu entlassen.

Wetter

Regen macht den März 1906 unwirtlich. Während die monatliche Niederschlagsmenge im langjährigen Mittel 31 mm beträgt, fällt sie in diesem Jahr mit 68 mm mehr als doppelt so hoch aus.

1907

Samstag 30. März

Technik

Einen kleinen Schritt in eine große Zukunft machen die französischen Flugzeugkonstrukteure Gabriel und Charles Voisin. Sie fliegen in Baillancourt mit einem Doppeldecker 60 m weit. Erst vor knapp dreieinhalb Jahren gelang den US-amerikanischen Flugpionieren Orville und Wilbur Wright der weltweit erste gesteuerte Motorflug überhaupt. Sie legten damals 35 m in zwölf Sekunden zurück. Die Franzosen interessierten sich als erstes europäisches Land für das neumodische Fortbewegungsmittel aus den USA und begannen selbst mit der Entwicklung von Flugzeugen.

Politik

Französische Soldaten marschieren in Marokko ein. Sie sollen den Aufstand beenden, den arabische Berberstämme gegen die Europäer in Marokko angezettelt haben. Frankreich nutzt die Gelegenheit, um seinen Einfluß in dem nordafrikanischen Land auszudehnen. 10 000 Soldaten bleiben stationiert. 1912 wird Marokko französische Kolonie.

Wetter

Einem ungewöhnlich harten Winter folgt im März 1907 ein mildes Frühlingserwachen, das mit Temperaturen um 4 °C den Schnee schmelzen läßt.

1908

Montag 30. März

Politik

Der Ärger über die Taktlosigkeit des Kaisers legt sich wieder. Der deutsche Botschafter in den USA räumt in einem Gespräch mit US-Präsident Theodore Roosevelt die Unstimmigkeiten aus. Kaiser Wilhelm II. äußerte kürzlich Bedenken gegen die Ernennung von David Jayne Hill zum neuen US-Botschafter in Berlin. Er ließ fragen, ob Hill auch reich genug sei. Dem Kaiser gelingt es durch seine martialischen und dümmlichen Äußerungen mit enervierender Regelmäßigkeit, die Fettnäpfe der internationalen Diplomatie zu treffen.

Politik

Ein Komplott gegen den Zaren deckt die russische Geheimpolizei in Sewastopol auf. Matrosen der Schwarzmeerflotte werden verhaftet. Sie kämpfen gegen Not und Armut unter der Zarenherrschaft.

Wetter

Mittelmäßig ist der März in diesem Jahr. Die Temperaturen liegen voll im langjährigen Durchschnitt von 3,9 °C. Es fallen mäßige 39 mm Niederschlag.

»Linie ohne Bauch«: Das Korsett, ein modisches Muß für die elegante Frau

1909

Dienstag 30. März

Politik

Nur im Notfall denkt Kanada an Unterstützung für das ehemalige Mutterland Großbritannien. Die Regierung in Ottawa läßt wissen, daß Kanada nicht an den Bau einer eigenen Flotte denke. Vielmehr sollen weiterhin britische Schiffe die Küsten bewachen. Für den Fall eines Krieges werde man den Briten aber treu zur Seite stehen. Großbritannien forderte Kanada kürzlich zum Flottenbau auf. Das Land war bis 1867 britische Kolonie. Seither ist es faktisch unabhängig und nur noch lose mit Großbritannien verbunden.

Gute Figur in Sakkoanzug und Wettermantel: Die Mode für den Herrn

Politik

Die Indianer in Oklahoma (USA) gehen auf die Barrikaden. Sie fordern die gleichen Löhne wie die Weißen. In Nordamerika leben rund 250 000 Indianer zwangsweise in Reservaten.

Wetter

Kälte und Regen bestimmen den März 1909. Die Durchschnittstemperatur liegt mit 2,2 °C deutlich unter dem langjährigen Mittel (3,9 °C).

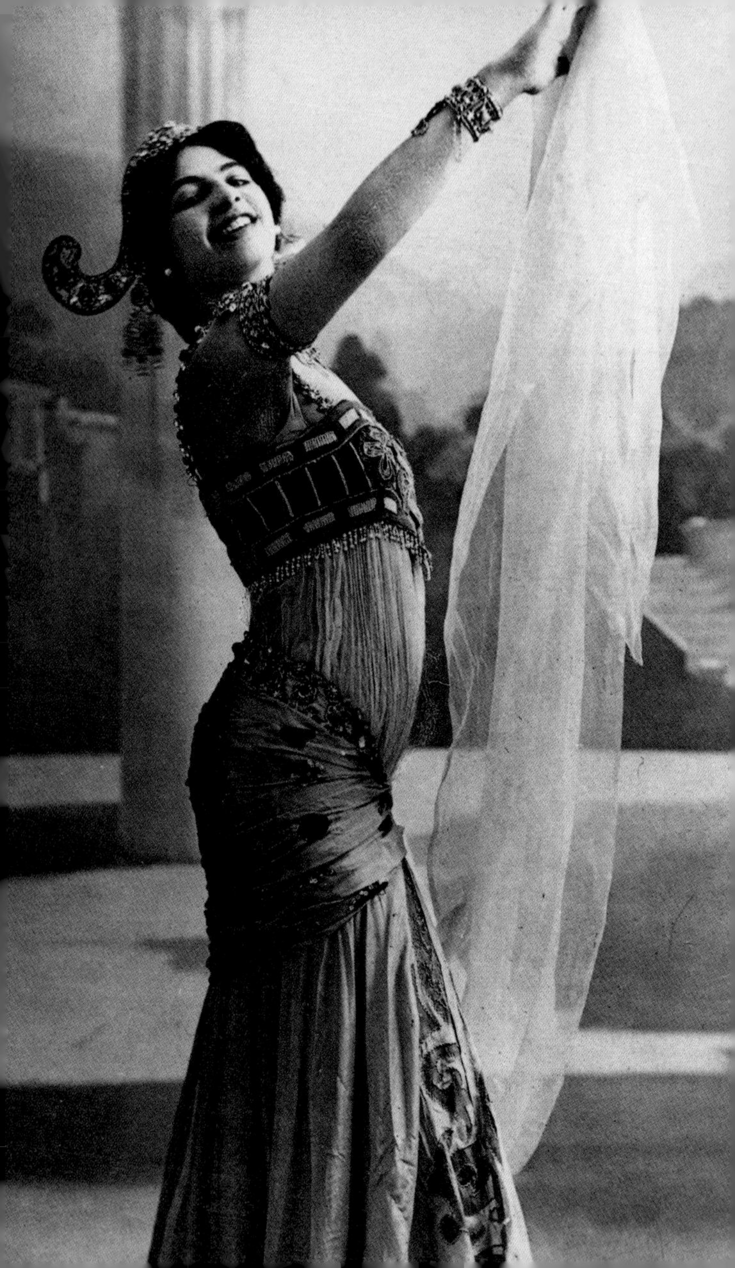

1910–1919

Highlights des Jahrzehnts

1910
- Georg V. wird nach dem Tod Eduards VII. britischer König
- Der Halleysche Komet passiert die Erde
- Bürgerliche Revolution beendet Monarchie in Portugal
- Wassily Kandinsky begründet die abstrakte Malerei
- Sieg des Schwarzen Jack Johnson bei Box-WM

1911
- Bürgerkrieg in Mexiko
- »Panthersprung nach Agadir« löst Zweite Marokkokrise aus
- Militärputsch leitet chinesische Revolution ein
- Roald Amundsen gewinnt den Wettlauf zum Südpol

1912
- Erster Balkankrieg
- Woodrow Wilson wird 28. US-Präsident
- Untergang der »Titanic«
- Büste der ägyptischen Königin Nofretete gefunden

1913
- Zweiter Balkankrieg
- Niels Bohr entwirft neues Atommodell
- Größter Bahnhof der Welt (Grand Central Station) in New York eingeweiht

1914
- Österreichs Thronfolger in Sarajevo ermordet
- Ausbruch des Ersten Weltkrieges
- Eröffnung des Panamakanals

1915
- Stellungskrieg im Westen
- Beginn der Ostoffensive
- Charlie Chaplin wird mit »Der Tramp« Star des US-Kinos
- Versenkung der »Lusitania« durch ein deutsches U-Boot

1916
- Schlacht um Verdun
- Osteraufstand in Irland niedergeschlagen
- Seeschlacht vor dem Skagerrak
- Der österreichische Kaiser Franz Joseph I. stirbt
- Rasputin ermordet

1917
- Beginn des uneingeschränkten U-Boot-Krieges
- Zar Nikolaus II. dankt ab
- Oktoberrevolution in Rußland

1918
- US-Präsident Wilson verkündet 14-Punkte-Programm zur Beendigung des Krieges
- Russische Zarenfamilie ermordet
- Waffenstillstand von Compiègne beendet Ersten Weltkrieg
- Novemberrevolution: Kaiser Wilhelm II. dankt ab, Philipp Scheidemann ruft die deutsche Republik aus

1919
- Spartakusaufstand niedergeschlagen
- Rosa Luxemburg und Karl Liebknecht ermordet
- Friedrich Ebert erster Reichspräsident
- Versailler Vertrag

◀ Schöne Spionin in deutschem Auftrag: Mata Hari wird 1917 erschossen

1910

Mittwoch 30. März

Politik

Nachgiebig zeigt sich der griechische König Georg I. Er beruft die Nationalversammlung ein, die eine neue Verfassung ausarbeiten soll. Damit kommt er den aufständischen Militärs entgegen, die sofort die Kampagnen gegen den Monarchen einstellen. Sie gingen 1908 auf die Barrikaden, als das osmanisch beherrschte Kreta seinen Anschluß an Griechenland forderte. König Georg I. weigerte sich, den Anschluß anzuerkennen. Die Briten, die sich als Schutzmacht der strategisch wichtigen Insel verstehen, forderten ihn dazu auf. 1913 wird Kreta endgültig griechisch.

Gesellschaft

Das Überfahren eines Signals führt in Mülheim zu einem tragischen Unfall. Ein Expreßzug stößt mit einem Militär-Sonderzug zusammen. 21 Soldaten kommen bei dem Unglück ums Leben. Danach denkt die Eisenbahndirektion über neue akustische Signale nach.

Wetter

Mild und etwas zu trocken ist der Frühlingsauftakt 1910. Die Temperaturen von durchschnittlich 4,9 °C liegen ein Grad über dem langjährigen Mittelwert. Es fallen 20 mm Niederschlag.

1911

Donnerstag 30. März

Politik

Gegen jede Form der Abrüstung richtet sich Kanzler von Bülow im Reichstag. Er bezieht sich damit auf einen britischen Vorschlag zur Rüstungsbegrenzung. Der britische Außenminister Grey warnte vor dem »finanziellen Verbluten« der Staaten, die sich mit ihren Armeen und Flotten gegenseitig Konkurrenz machen. In diesem Wettlauf nimmt das Deutsche Reich eine Schlüsselrolle ein. In seinem Ehrgeiz, zur anerkannten Großmacht aufzusteigen, begann es vor über zehn Jahren mit dem Ausbau der Flotte. Die europäischen Mächte und die USA zogen nach.

Gesellschaft

Britische Verkäuferinnen arbeiten künftig »nur noch« 60 Stunden pro Woche. Die liberale Regierung, die seit 1905 zahlreiche Reformen durchsetzt, beschließt ein Gesetz über die Arbeitszeiten im Einzelhandel.

Preise in den Jahren 1910–1919	
1 kg Butter	2,74
1 kg Mehl	1,90
1 kg Fleisch	3,00
1 Ei	0,13
1 l Vollmilch	0,25
10 kg Kartoffeln	3,30
Stundenlohn	0,66
in Mark, Stand 1913	

Wetter

Freundlich präsentiert sich der März 1911. Das Quecksilber steigt auf durchschnittlich 5 °C. Zudem bleibt es trockener als gewöhnlich.

1912

Samstag 30. März

Kultur

Der große Abenteurer Karl May stirbt 70jährig in Radebeul bei Dresden. Obwohl seine Romane »Winnetou« und »Old Shurehand« zu den populärsten und meistverkauften Büchern aller Zeiten gehören, findet sich nirgendwo ein lobender Nachruf auf den Autor. Er geriet durch seine persönlichen und literarischen Fehden in Verruf. 1862 saß er wegen Diebstahls in Haft. Später warf man ihm vor, daß er behauptete, seine Geschichten seien auf Reisen durch Amerika und Asien und nicht – wie es der Wahrheit entspricht – in seinem Kopf entstanden.

Sport

Ein steife Brise aus Südwest bringt die traditionelle Regatta der britischen Universitäts-Achter von Cambridge und Oxford durcheinander. Beide Boote werden von den Wellen der Themse überspült und kentern. Das Rennen, das seit 1829 ausgetragen wird, muß im April wiederholt werden. Es endet mit dem Sieg für Oxford.

Wetter

Zu warm und zu trocken wie schon in den Vorjahren zeigt sich der März auch 1912. Auf 7,0 °C Durchschnittstemperatur steigt das Thermometer (langjähriger Mittelwert 3,9 °C).

1913

Sonntag 30. März

Politik

Die Kämpfe auf dem Balkan toben weiter. Truppen aus Montenegro und Serbien besetzen eine Festung an der Grenze zu Albanien. Im April geben die osmanischen Truppen die Festung auf. Der kleine Staat Albanien, dessen Gebiet einst zum Osmanischen Reich gehörte, wurde im Verlauf des 1912 ausgebrochenen Krieges der Balkanvölker gegen das Osmanische Reich unabhängig. Jetzt versperrt er Serben und Montenegrinern den Weg zur Adria. Auf Druck der Großmächte, die im Hintergrund des Balkankrieges mitmischen, bleibt Albanien aber als Staat bestehen.

Rekorde 1910–1919

Schwimmen: H. Hebner (USA) – 1:20,8 min/ 100 m Rücken (1912)
100 m: Nina Popowa (RUS) – 13,1 sec (1913)
Hochsprung: C. Larson (USA) – 2,03 m (1917)
Speerwerfen: Jonni Myyrä (FIN) – 66,10 m (1919)

Gesellschaft

Prügelnde Möbelpacker sorgen in Kassel für Aufsehen. Die Möbeltransportarbeiter streiken, um höhere Löhne zu erzwingen. Als einige von ihnen doch zur Arbeit erscheinen, werden sie »bestraft«.

Wetter

Mit Macht will es Frühling werden. Die Temperaturen steigen im März 1913 auf Werte um 7,2 °C.

1914

Montag 30. März

🌐 Politik

Wegen eines mißlungenen Einsatzes der britischen Polizei gegen die sog. Ulster-Unionisten in Belfast tritt Kriegsminister Seely von seinem Amt zurück. Die Polizisten versuchten vergeblich, Ausschreitungen der nordirischen Partei zu verhindern. Die Unionisten kämpfen seit Jahren gegen die irischen Katholiken, die die Unabhängigkeit der Insel von britischer Herrschaft fordern. Die vorwiegend protestantischen Unionisten wollen dagegen die Bindung an Großbritannien erhalten. 1921 kommt ein Kompromiß zustande. Nordirland bleibt britisch, der Rest der Insel wird unabhängig.

🌐 Politik

Eine neue Streikwelle erschüttert das russische Zarenreich. 60 000 Petersburger Arbeiter kündigen den Ausstand an. Sie protestieren gegen Minimallöhne, mangelnde Versorgung und fehlende Versicherungen. Die Streikwelle ist symptomatisch für die tiefe Krise, in der das Zarenreich seit Jahren steckt. 1917 wird Nikolaus II. gestürzt.

⛅ Wetter

Ungewöhnlich viel Regen bei milden Temperaturen um 5,8 °C fällt im März 1914. Statt der üblichen 31 mm Niederschlag fallen 76 mm.

1915

Dienstag 30. März

Politik

Schweizer Realisten setzen sich durch. Im Berner Bundesrat scheitert der Vorschlag, alle neutralen Staaten zu versammeln, um zwischen den Parteien des Weltkriegs zu vermitteln. Der erste hochtechnisierte Krieg der Weltgeschichte, der seit sieben Monaten tobt, läßt alle Hoffnungen auf einen Verhandlungsfrieden verpuffen. Nie zuvor gingen verfeindete Völker mit derartiger Härte aufeinander los. Erstmals werden Panzer, Luftschiffe, Flugzeuge und tödliches Giftgas eingesetzt. Bis 1918 sterben zehn Millionen Menschen.

Politik

Vorsichtigen Protest erheben die Stadtväter von Brügge. Sie sollen fast eine halbe Million Mark Strafe an die Deutschen zahlen, die seit August 1914 das Land besetzt halten. Schuld ist eine deutsche Flagge, die von Kindern beschmutzt wurde.

Wetter

Zum ersten Mal seit Jahren liegen die Märztemperaturen 1915 mit 1,7 °C wieder deutlich unter dem langjährigen Durchschnitt (3,9 °C).

Stars der Jahre 1910–1919

David Wark Griffith
Filmregisseur

Mary Pickford
Filmschauspielerin

Enrico Caruso
Sänger

Douglas Fairbanks
Filmschauspieler

Charlie Chaplin
Filmschauspieler

1916

Donnerstag 30. März

Politik

Die Schlacht vor Verdun gerät zum Desaster. Deutsche Truppen besetzen das französische Dorf Malancourt, kommen aber ansonsten keinen Schritt weiter. Die deutsche Offensive begann im Februar. Die Heeresleitung plante, durch einen Dauerangriff die französischen Truppen »auszubluten«. Massive Gegenangriffe der Franzosen entkräften jetzt aber die Truppen auf beiden Seiten. Die Schlacht endet im Dezember und bleibt den Überlebenden als »Hölle von Verdun«, in der über 700 000 Soldaten sterben, im Gedächtnis.

Politik

Der deutsche U-Boot-Krieg wird im Reichstag heftig diskutiert. Die Abgeordneten fordern Vorsicht im Umgang mit der »gefährlichen Waffe«. Seit 1915 protestierten die USA bereits mehrmals gegen Angriffe deutscher U-Boote auf zivile Handelsschiffe. Als 1917 die Angriffe verstärkt werden, tritt die gefürchtete Weltmacht in den Krieg ein.

Wetter

Recht mild und sehr trocken verläuft der März. Das Thermometer zeigt Temperaturen um 4,5 °C an. Während gewöhnlich 31 mm Regen fallen, werden in diesem Jahr nur 12 mm gemessen.

1917

Freitag 30. März

Politik

Rückenstärkung erhält die Regierung der Bürgerlichen in Rußland. Japan erkennt sie offiziell an. In der sog. Februarrevolution stürzten Oppositionelle den autoritär regierenden Zaren und beendeten damit nach über 300 Jahren die Dynastie der Romanows. Seither konkurrieren zwei Regierungen miteinander: eine bürgerliche und eine bolschewistische, die sich als Vertretung der Arbeiterschaft sieht. In der Oktoberrevolution gewinnen die Bolschewiki die Oberhand und errichten 1922/24 den ersten sozialistischen Staat der Welt, die Sowjetunion.

Politik

Die Wiedergeburt des polnischen Staates bahnt sich an. Die russische Regierung akzeptiert die künftige Souveränität Polens. Seit dem 19. Jahrhundert herrschten Rußland, Preußen und Österreich über das Land. 1918 wird es unabhängig.

> Für Schlagzeilen sorgt der Thyssen-Sprößling August. Die Presse berichtet vom Prozeß gegen den hochverschuldeten Industriellensohn. Die Richter erlaubten den Gläubigern die Pfändung des beachtlichen Erbteils.

Wetter

Nach einem harten Winter erwärmt sich die Luft im März 1917 nur ganz allmählich. Das Thermometer steigt im Monatsdurchschnitt gerade eben über den Gefrierpunkt.

1918

Samstag 30. März

🌐 Politik

Das Wetter ist angeblich schuld an der neuerlichen Niederlage an der Westfront. Der plötzliche Kälteeinbruch wird von der Reichsregierung als Grund für das Stocken der Offensive angegeben, die am 21. März startete. Sie sollte die seit November 1914 festgefahrene Westfront wieder in Bewegung bringen. Nach Anfangserfolgen sind die deutschen Truppen jedoch bald am Ende ihrer Kräfte. Im August gelingt den Alliierten der Durchbruch bei Amiens. Der 1914 ausgebrochene Weltkrieg ist im November zu Ende.

Die Herrenkleidung wird sportlicher. Dazu gehört der weiche Hut

🌐 Politik

Die »Reisunruhen« bringen in Japan die Regierung unter Seiki Terauchi zu Fall. Er erklärt seinen Rücktritt. Tausende Japaner protestierten gegen die verfehlte Wirtschaftspolitik der Regierung, die zu dramatischen Versorgungsengpässen führte.

☀️ Wetter

Das Thermometer klettert im März gelegentlich schon auf Temperaturen über 4,4 °C.

1919

Sonntag 30. März

Politik 🌐

Die Sozialdemokraten sind nicht zu bremsen. Die sog. Mehrheits-SPD (MSPD) erhält bei den Landtagswahlen im Freistaat Mecklenburg ein Mandat mehr, als die anderen bürgerlichen Parteien zusammen. Auch bei den anderen Landtagswahlen hat die MSPD die Nase vorn. Sie wurde nach dem Ende des Ersten Weltkriegs 1918 zur Trägerin der neuen Weimarer Republik, die das alte Kaiserreich ablöste. Die Reichsregierung in Berlin wird unter Präsident Ebert von der SPD geführt. Vor allem bei den Arbeitern, für deren Rechte sie sich einsetzt, genießt sie hohes Ansehen.

Politik 🌐

Freie Fahrt ist ab heute in der Adria wieder möglich. Die italienische Regierung, die seit Jahren nach der Vorherrschaft im Adriaraum strebt, verhängte zeitweise ein Blockade über das Meer.

Das praktische Sportkleid für die Jagd und für Bergtouren

Wetter ⛅

Ganz normal präsentiert sich der März 1919. Das Thermometer steigt auf Werte um 3,2 °C. Es fallen 40 mm Niederschlag.

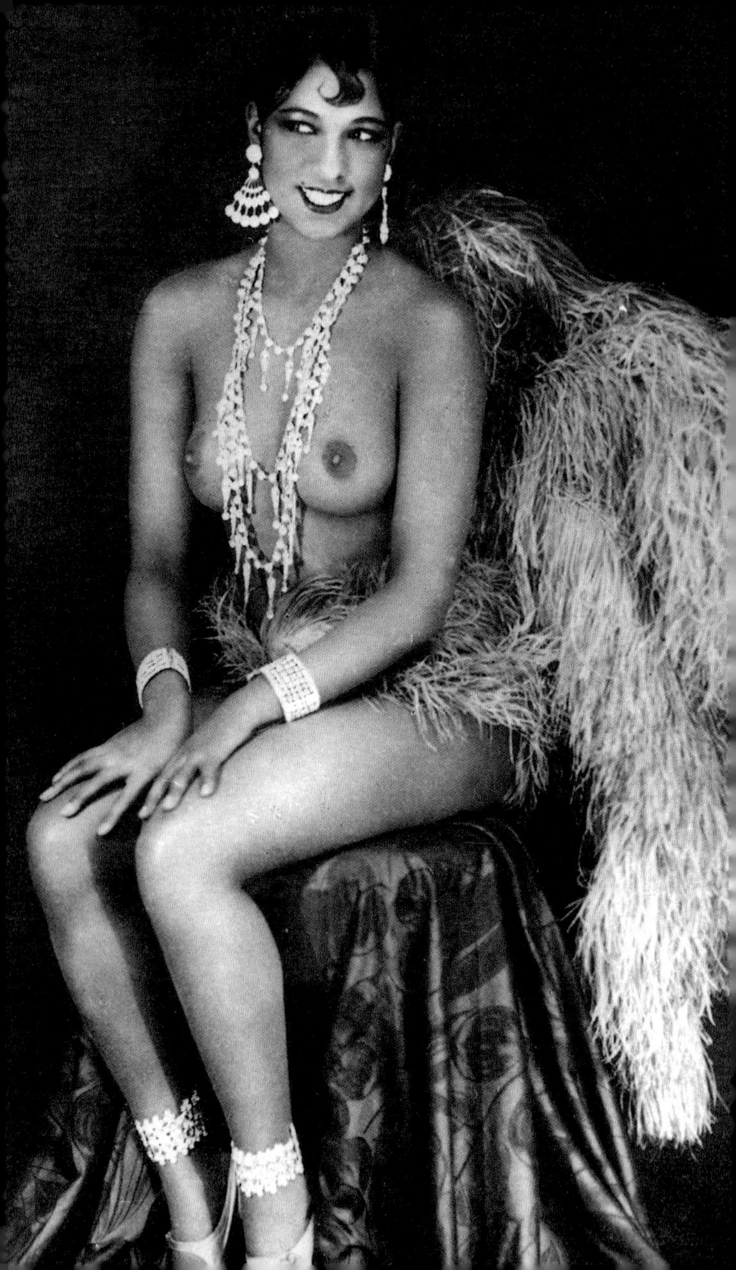

1920-1929

Highlights des Jahrzehnts

1920
- Prohibition: Alkoholverbot in den USA
- NSDAP verabschiedet ihr Programm
- Kapp-Putsch scheitert
- Erstmals Salzburger Festspiele

1921
- Alliierte besetzen das Rheinland
- Hitler wird NSDAP-Vorsitzender
- Hormon Insulin entdeckt
- Rudolph Valentino wird Frauenidol
- Vertrag von Sèvres bedeutet Ende des Osmanischen Reichs

1922
- Hungersnot in Rußland
- »Deutschlandlied« wird zur Nationalhymne erklärt
- Mussolinis Marsch auf Rom
- Gründung der UdSSR
- Grab des Tutanchamun entdeckt
- Deutsch-russische Annäherung durch Vertrag von Rapallo
- Gründung der BBC
- Johnny Weissmuller stellt über 100 m Kraul den ersten seiner 67 Weltrekorde auf (58,6 sec)

1923
- Franzosen besetzen Ruhrgebiet
- Hitlers Putschversuch scheitert
- Währungsreform beendet Inflation im Deutschen Reich
- Die Türkei wird Republik

1924
- Erstmals Olympische Winterspiele
- Revolutionsführer Lenin stirbt
- Dawes-Plan lockert finanzielle Zwänge für Deutschland
- VIII. Olympische Spiele: Läufer Paavo Nurmi gewinnt 5 Goldmedaillen

1925
- Einparteiendiktatur in Italien
- Neugründung der NSDAP
- Hindenburg wird nach dem Tod Eberts Reichspräsident
- Europäische Entspannung durch Locarno-Pakt
- Joséphine Baker wird im Bananenröckchen zum Weltstar

1926
- Japans Kaiser Hirohito besteigt den Thron
- Militärputsch Pilsudskis in Polen
- Walt Disneys Mickey Mouse erblickt das Licht der Welt
- Deutschland im Völkerbund

1927
- Stalin entmachtet politische Gegner
- Charles Lindbergh überfliegt den Atlantik
- Uraufführung des Films »Metropolis« von Fritz Lang

1928
- Briand-Kellogg-Pakt zur Kriegsächtung unterzeichnet
- Alexander Fleming entdeckt das Penicillin
- »Dreigroschenoper« von Brecht und Weill uraufgeführt
- Erste Transatlantik-Fluglinie

1929
- Youngplan regelt Reparationen
- »Schwarzer Freitag« in New York löst Weltwirtschaftskrise aus
- Erste Oscar-Verleihung in Hollywood
- Antikriegs-Roman »Im Westen nichts Neues« von Erich Maria Remarque

◀ Lebenslust pur: Joséphine Baker, Sinnbild der »wilden« 20er

1920

Dienstag 30. März

Politik

Die Lage in Berlin beruhigt sich wieder. Die Nationalversammlung spricht der neuen Reichsregierung ihr Vertrauen aus. Mitte März erschütterte der Putsch des rechtsradikalen Politikers Kapp die junge Republik. Mit seinen Anhängern marschierte er nach Berlin und setzte die Regierung ab. Der Putsch scheiterte am Widerstand der Arbeiterschaft, die in den Generalstreik trat und damit die Kapp-Regierung lahmlegte. Nach dem Umsturz verlangten die Gewerkschaften als Belohnung größeren Einfluß auf die Politik. Sie nahmen auf die Bildung des neuen Kabinetts unter Kanzler Hermann Müller maßgeblichen Einfluß.

Kultur

In neuem Glanz erstrahlt die alte »Albertina«. Die Presse berichtet über die Wiedereröffnung der bedeutenden Sammlung graphischer Werke. Sie enthält u.a. 145 Handzeichnungen von Albrecht Dürer. Im Ersten Weltkrieg war sie in ein Depot ausgelagert worden.

Wetter

Mit Sonnenschein und außergewöhnlich milden Temperaturen um 7,0 °C erfreut der März 1920 die Menschen. Es regnet nur selten.

1921

Mittwoch 30. März

Politik

Gegen den sog. Putschismus spricht sich der ehemalige Vorsitzende der KPD, Paul Levi, aus. Er kritisiert den Generalstreik der Arbeiter in Mitteldeutschland, den sowjetrussische Kommunisten vor knapp zehn Tagen anzettelten. Die Kommunisten übernahmen 1917 in Rußland die Macht und errichteten den ersten sozialistischen Staat. Zu ihren Zielen gehört die Mobilisierung der Arbeiterschaft, durch die die kommunistische Revolution weltweit zum Sieg geführt werden soll. Levi sprach sich im Februar gegen dieses Konzept der Weltrevolution aus und mußte auf sowjetrussischen Druck zurücktreten.

Stars der 20er Jahre

Buster Keaton
Filmschauspieler
Johnny Weissmuller
Schwimmer
Rudolph Valentino
Filmschauspieler
Joséphine Baker
Tänzerin
Charles Lindbergh
Flieger

Sport

Zum 100. Mal rudern Studenten der britischen Elite-Universitäten Cambridge und Oxford in ihren Achtern über die Themse. Die traditionsreiche Regatta gewinnt in diesem Jahr das Team aus Cambridge.

Wetter

Es ist im März 1921 durchweg trocken und sonnig bei angenehmen Temperaturen um 6,6 °C.

1922

Donnerstag 30. März

🌐 Politik

Leere Kassen meldet die Reichsregierung. Sie bittet die Siegermächte des Ersten Weltkriegs um Aufschub der Wiedergutmachungszahlungen. 1921 legten die Alliierten die Schulden auf 226 Mrd. Goldmark fest. Noch im selben Jahr wurde die Summe auf 132 Mrd. Goldmark gesenkt, da das wirtschaftlich darniederliegende Deutsche Reich die Raten nicht zahlen konnte. Bis zum Ausbruch der Weltwirtschaftskrise 1929 verschärfen sich die Debatten. Der Youngplan legt dann Raten von 2 Mrd. Goldmark bis 1987 fest. Aber schon 1932 werden alle Zahlungen eingestellt.

🌐 Politik

Um Vermittlung im irischen Bürgerkrieg bemüht sich der britische Kolonialminister Winston Churchill. Er empfängt Vertreter Nordirlands und des irischen Freistaats. 1921 wurde die Insel aufgeteilt. Der Norden blieb britisch. Der Rest wurde nach jahrhundertelanger britischer Herrschaft unabhängig. Die Freistaatler fordern Freiheit für die gesamte Insel.

⛅ Wetter

Nach einem kalten Winter steigen die Temperaturen im März 1922 auf Werte um 4,0 °C.

1923

Karfreitag 30. März

Kultur

Von einer einsamen alten Sängerin erzählt das Theaterstück »Der Absturz. Ein Drama aus dem Künstlerleben« von Ludwig Wolff, das heute in Düsseldorf Premiere feiert. Umjubelter Star der Aufführung ist die dänische Schauspielerin Asta Nielsen, die wegen ihres Talents für tragische Rollen berühmt ist. Obwohl sie mit ihren 42 Jahren noch nicht zum alten Eisen der Schauspielerbranche zählt, spielt sie die Rolle der gebrechlichen Künstlerin äußerst überzeugend.

Politik

Einen drastischen Anstieg der Arbeitslosenzahlen meldet die Reichsregierung in Berlin. Bis Jahresende steigen sie gegenüber 1922 um über 30 % auf 978 000. Grund ist die Wirtschaftskrise, die durch die Geldentwertung ausgelöst wurde. Die Milliarden, die Deutschland an Reparationen aufbringen muß, bremsen den Wiederaufbau.

Wetter

Trocken ist der März. Die Temperaturen steigen auf Werte um 5,6 °C.

Rekorde in den 20er Jahren

Schwimmen: J. Weissmuller (USA) – 58,6 sec/ 100 m Freistil (1922)
10 000 m: P. Nurmi (FIN) – 30:06,1 min (1924)
1500 m: O. Peltzer (GER) – 3:51,0 min (1926)
Kugelstoßen: Emil Hirschfeld (GER) – 16,04 m (1928)

1924

Sonntag 30. März

Politik

Seinen Höhepunkt erreicht der Parteitag der Deutschen Volkspartei in Hannover, als der Vorsitzende Gustav Stresemann an das Rednerpult tritt. Während seiner Kanzlerschaft 1923 verschaffte er sich durch die Währungsreform, die die Wirtschaftskrise zügelte, großes Ansehen. Als Außenminister strebt er nach Ausgleich mit den Alliierten, deren finanzielle Forderungen an Deutschland zu bedrohlichen Spannungen führten. Für seine Bemühungen um Ausgleich in Europa erhält Stresemann 1926 den Friedensnobelpreis.

Technik

Als dritter im Bunde startet Bayern ein regelmäßiges Rundfunkprogramm. Ende 1923 kam die erste deutsche Rundfunksendung aus Berlin, Anfang März folgte die Premiere in Leipzig. Damit setzt sich das neue Medium auch im Deutschen Reich durch. Seit Januar hat sich die Zahl der Hörer bereits auf 8 600 verfünffacht.

Wetter

Zum ersten Mal seit Jahren bleiben 1924 die Temperaturen im März unter dem langjährigen Mittelwert für den Monat (3,9 °C). Mit durchschnittlich 2,3 °C ist es trotz vieler sonniger Tage relativ kalt.

1925

Montag 30. März

Gesellschaft

Der Erfinder der Waldorf-Schule, Rudolf Steiner, stirbt in Dornach bei Basel. Der Philosoph entwickelte 1913 die sog. anthroposophische Weltanschauungslehre, die von einer engen Beziehung zwischen Mensch und Natur ausgeht. Steiner lehnte die starre Form des Unterrichts ab und plädierte für die einfühlsame Förderung besonderer, naturgegebener Talente. 1919 wurde die erste Schule auf der Basis dieser Lehre für die Arbeiterkinder der Waldorf-Astoria-Zigarettenfabrik eröffnet.

Preise in den 20er Jahren

1 kg Butter	3,60
1 kg Mehl	0,50
1 kg Fleisch	2,50
1 Ei	0,20
10 kg Kartoffeln	0,80
Stundenlohn	0,93

in RM, Stand 1926 (ohne Inflationsjahre)

Kultur

Die Verfilmung des Stücks »Hedda Gabler« feiert in Berlin Premiere. Die literarische Vorlage stammt von dem Norweger Henrik Ibsen, der als Wegbereiter des modernen Theaters gilt.

Wetter

Zu kühl – wie im letzten Jahr – ist es auch im März 1925. Bei durchschnittlich 2,1 °C setzt sich die Sonne zwar häufig gegen graues Regenwetter durch, der Frühling läßt aber auf sich warten.

1926

Dienstag 30. März

Gesellschaft

Kanada wird zum Mekka der »Glücksritter«. Tausende von Goldsuchern brechen auf, um im Red-Lake-Distrikt nach dem ersehnten Edelmetall zu suchen. Der Witterungsumschwung vor wenigen Tagen lockt die Goldsucher aus aller Welt an. Der letzte Goldrausch brach Ende des 19. Jahrhunderts aus, als 1896 im Nordwesten Kanadas Gold gefunden wurde. Schon nach vier Jahren war der stürmische Rausch aber wieder vorbei. Zu Tausenden zogen die vielen enttäuschten und wenigen glücklichen Goldsucher aus der unwirtlichen Region ab.

> Eine Modellsiedlung für modernen Wohnungsbau planen die Stadtväter Stuttgarts. Sie übertragen dem Architekten Ludwig Mies van der Rohe den Auftrag, den Bau der Weißenhofsiedlung zu leiten.

Sport

Den dritten Weltrekord in einem Monat stellt der deutsche Schwimmer Erich Rademacher in Philadelphia (USA) auf. Er legt die 500 m in 7:35,4 min zurück. Zuvor brach er die Rekorde über 200 und 400 m Brustschwimmen.

Wetter

Relativ mild, aber zu naß präsentiert sich der März 1926. Die Temperaturen erreichen Werte um 4,1 °C. Es fallen 59 mm Niederschlag.

1927

Mittwoch 30. März

Kultur

Wortgewaltige Proteste hagelt es auf die Leitung der Berliner Volksbühne ein. Der Schriftsteller Kurt Tucholsky, der Dramatiker Ernst Toller und die Regisseure Erwin Piscator und Leopold Jessner werfen dem Theater eine unpolitische Haltung vor. Grund für den Aufruhr ist das Piscator-Stück »Gewitter über Gotland«. Es erzählt von Freibeutern, die gegen die reiche Hanse kämpfen. Als erklärter Linker und Symbolfigur des Polit-Theaters nutzt Piscator das Drama als »Lehrstück«. Die rechte Presse griff das Stück scharf an, das daraufhin von der Volksbühne gekürzt wurde.

Kultur

Ganz nach dem Geschmack der Rechten ist dagegen das Stück »Thomas Paine«, das heute in Weimar Premiere feiert. Es stammt aus der Feder des »völkisch verblendeten« Hanns Johst, dessen Werke seit 1926 nationalsozialistisch gefärbt sind.

Wetter

Strahlender Sonnenschein begleitet den März 1927. Die Temperaturen liegen durchschnittlich bei 7,0 °C und übertreffen damit den langjährigen Durchschnittswert (3,9 °C) deutlich. Nur gelegentlich gibt es Regengüsse.

1928

Freitag 30. März

Politik

Einen kleinen Vorgeschmack auf die Zukunft gibt die Regierung Italiens. Sie verbietet alle nicht-faschistischen Jugendorganisationen. Seit 1922 regiert Faschistenführer Mussolini das Land und schaltet schrittweise alle Widersacher aus. In Deutschland wird es ihm in knapp fünf Jahren Hitler gleichtun. Auch er verbietet noch in den ersten Wochen seiner Kanzlerschaft alle mißliebigen Vereine und Verbände und läßt Politiker, Gewerkschaftler, Künstler und Intellektuelle verfolgen.

Tiefe Taille und schmale Silhouette: Mode im Zeichen des Art déco

Gesellschaft

In der Barmat-Affäre werden die Urteile gefällt. Die beiden Brüder und Konzernchefs Barmat müssen wegen Bestechung mehrere Jahre hinter Gitter. 1924 erregte der Zusammenbruch der Firma Aufsehen, weil Politiker beschuldigt wurden, gegen Bestechung Kredite bewilligt zu haben.

Wetter

Bescheiden präsentiert sich der März 1928 mit Temperaturen um 3,1 °C und wenig Niederschlag.

1929

Samstag 30. März

Politik

Die Krönung seines Lebenswerks bereitet Außenminister Stresemann vor. Er schlägt Großbritannien vor, die deutschen Wiedergutmachungsschulden aus dem Ersten Weltkrieg neu festzusetzen und an den Abzug der Alliierten aus dem Rheinland zu koppeln. Seit 1923 schlichtet Stresemann den Dauerstreit mit den Alliierten um die deutschen Kriegsschulden. Stresemann hofft, daß die neuen Verhandlungen den Rheinland-Abzug bringen. Er beginnt tatsächlich Ende des Jahres. Stresemann erlebt ihn nicht mehr; er stirbt im Oktober.

Kultur

Wegen sexueller Freizügigkeit wird das Stück »Pioniere in Ingolstadt« von Marieluise Fleißner in Berlin abgesetzt. Es handelt von deutschen Soldaten, die mit jungen Ingolstädterinnen anbändeln.

Wetter

Nach einem extrem kalten Winter erwärmen sich die Luftmassen im März 1929 allmählich wieder. Es bleibt aber mit durchschnittlich 2,6 °C auch jetzt noch zu kühl.

Vornehm und doch lässig: Burberry aus imprägniertem Baumwollstoff

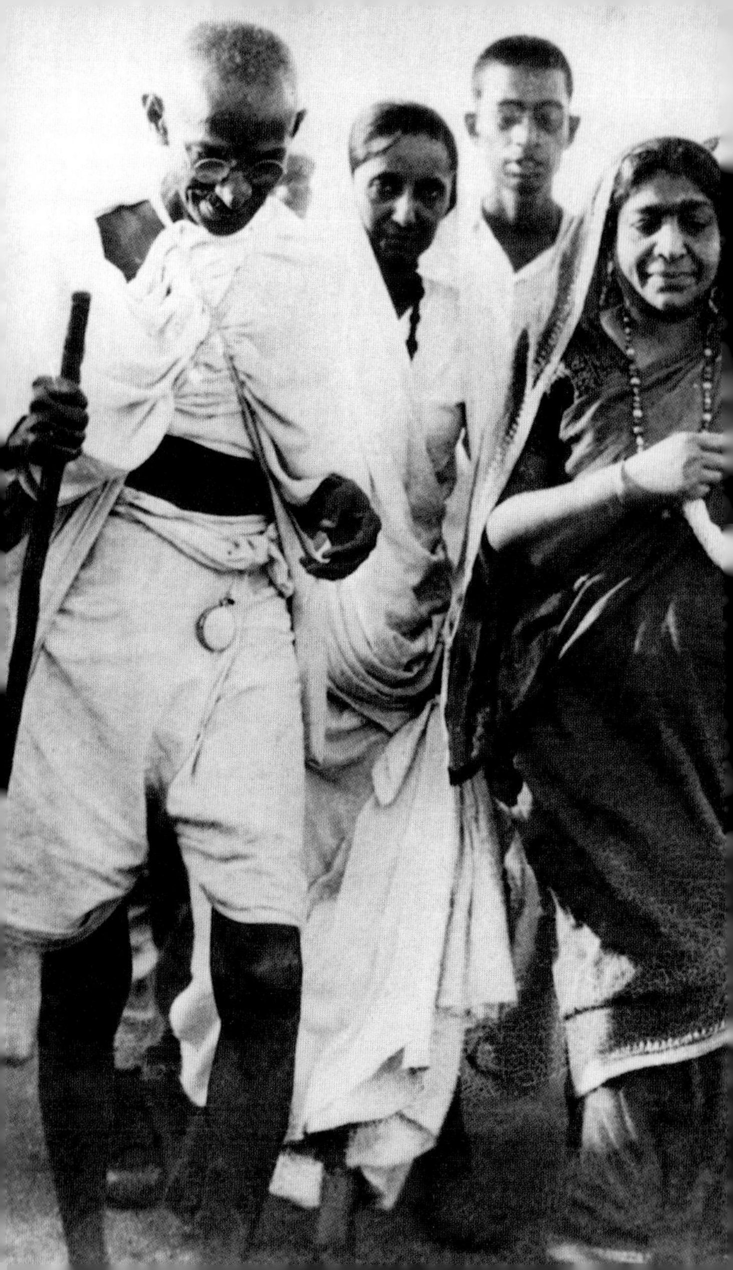

1930-1939

Highlights des Jahrzehnts

1930
- Mahatma Gandhi startet Salzmarsch
- Marlene Dietrich avanciert im Film »Der Blaue Engel« zum Weltstar
- Uruguay wird erster Fußballweltmeister
- Max Schmeling durch Disqualifikationssieg Boxweltmeister im Schwergewicht

1931
- Spanien wird Republik
- Vorführung des Ganzmetallflugzeugs »Ju 52« (»Tante Ju«)
- Empire State Building höchstes Gebäude der Welt
- Mafia-Boß Al Capone hinter Gittern

1932
- Staatsstreich in Preußen
- Wahlsieg der NSDAP
- Chaco-Krieg um Erdöl zwischen Bolivien und Paraguay
- Proklamation des Staates Saudi-Arabien

1933
- Adolf Hitler zum Reichskanzler ernannt
- Reichstagsbrand in Berlin
- Ermächtigungsgesetz in Kraft
- Deutsche Studenten verbrennen »undeutsche« Literatur

1934
- Nationalsozialistischer Volksgerichtshof gegründet
- »Röhm-Putsch« niedergeschlagen
- Mord an Bundeskanzler Dollfuß – Ende der 1. Republik Österreich
- Maos Kommunisten in China auf dem »Langen Marsch«

1935
- Judenverfolgung mit sog. Nürnberger Gesetzen
- Italien marschiert in Äthiopien ein
- Porsche baut Prototyp für VW »Käfer«
- Deutsch-britisches Flottenabkommen

1936
- Beginn des Spanischen Bürgerkriegs
- Volksfrontregierung in Frankreich
- Ausstellung »Entartete Kunst«
- XI. Olympische Spiele in Berlin zur NS-Propaganda genutzt
- Margaret Mitchell veröffentlicht »Vom Winde verweht«
- Schauprozesse in der UdSSR

1937
- Krieg zwischen Japan und China
- Georg VI. in London gekrönt
- Zeppelin LZ »Hindenburg« explodiert in Lakehurst
- Niederländische Kronprinzessin Juliana heiratet Prinz Bernhard

1938
- »Anschluß« Österreichs ans Deutsche Reich
- Münchner Abkommen soll Hitler bezähmen
- Terror gegen Juden in der »Reichskristallnacht«
- Otto Hahn gelingt erste Atomspaltung

1939
- Deutsche Truppen marschieren in Prag ein
- Hitler-Stalin-Pakt
- Beginn des Zweiten Weltkrieges

◀ Gewaltfreiheit als Prinzip: Mahatma Gandhi auf seinem »Salzmarsch« (1930)

1930

Sonntag 30. März

Gesellschaft

Die Ära der »bodenlosen« Kabinette beginnt. Reichskanzler Heinrich Brüning stellt in Berlin sein Kabinett vor. Es verfügt nicht über die Rückendeckung des Reichstags, sondern wurde von Reichspräsident von Hindenburg ernannt. Er stützt sich auf den Notstandsartikel 48, der ihm in Notzeiten erlaubt, das Parlament faktisch auszuschalten. Notzeiten herrschen spätestens seit der Weltwirtschaftskrise 1929. Hunger und Arbeitslosigkeit lassen die Wut auf die vermeintlich schuldige Republik hochkochen. Angriffe von radikalen Rechten wie Linken mehren sich.

Preise in den 30er Jahren

1 kg Butter	2,96
1 kg Mehl	0,47
1 kg Fleisch	1,60
1 l Vollmilch	0,23
1 Ei	0,10
10 kg Kartoffeln	0,90
1 kg Kaffee	5,33
Stundenlohn in RM, Stand 1934	0,78

Politik

3,7 Millionen Deutsche lauschen regelmäßig den Darbietungen des Hörfunks. Die Sendeanstalten melden einen Rekordzuwachs an Hörern von 15,2 % innerhalb eines Jahres. Der Hörfunk wurde im Deutschen Reich 1923 eingeführt.

Wetter

Mittelmäßig mit durchschnittlich 4,1 °C kommt der März in diesem Jahr daher.

1931

Montag 30. März

Politik

Einen neuen Kurs schlägt die indische Freiheitsbewegung im Kampf gegen die britische Kolonialherrschaft ein. Der Nationalkongreß stimmt dem Gandhi-Irwin-Pakt zu. Er wurde Anfang März zwischen dem indischen Unabhängigkeitskämpfer Mahatma Gandhi und dem britischen Vizekönig Lord Irwin geschlossen. Gandhi versprach, seine Widerstandsaktionen einzustellen, Irwin läßt dafür Gefangene frei. Seit über 160 Jahren herrschen die Briten über das indische Volk, das sich seit Ende des 19. Jahrhunderts gegen die Fremdherrschaft wehrt. Erst 1947 wird Indien unabhängig.

Politik

Die Strafandrohung bei Empfängnisverhütung kommt nicht durch. Der Reichstag lehnt ein von der NSDAP vorgeschlagenes Verhütungsverbot ab. In seinem Rassenwahn sieht Hitler den Bestand des deutschen Volkes durch »Sex ohne Folgen« bedroht. Erst kürzlich wurde in München die sog. Knaus-Ogino-Verhütungsmethode vorgestellt.

Wetter

Der Frühlingsanfang 1931 ist noch sehr kühl. Die durchschnittliche Temperatur von 0,2 °C liegt weit unter dem langjährigen Mittelwert von 3,9 °C.

1932

Mittwoch 30. März

Technik

Filmschaffende aus aller Welt reisen zur Demonstration des »Kulissenfilm-Verfahrens« in Wien an. Der österreichische Ingenieur Stephan Jellinek zeigt die gestochen scharfe Projektion beliebiger Bilder auf eine Riesenleinwand. Sie ermöglicht die künstliche Herstellung von Szenenhintergründen, in die die Schauspieler »eintauchen« können. Kostspielige Außenaufnahmen können damit künftig umgangen werden. Die Erfindung mündet Jahrzehnte später in das Blue-Box-Verfahren, das in der modernen Fernsehtechnik zum Einsatz kommt.

Politik

Frankreich stockt seine »Zollmauern« auf. Der Senat in Paris beschließt die Erhöhung der Einfuhrzölle um zwei bis sechs Prozent, um die Absatzchancen für inländische Produkte zu verbessern. Nach der jahrelangen Wirtschaftskrise, die sich 1928 endlich beruhigte, brach der französische Markt durch die Weltwirtschaftskrise (1929) erneut zusammen.

Wetter

Wie im Vorjahr beginnt auch 1932 der Frühling mit zu kühlem Wetter. Im März liegt die durchschnittliche Temperatur erst bei 1,2 °C.

1933

Donnerstag 30. März

Politik

Der Sozialdemokrat Otto Wels tritt aus der Sozialistischen Arbeiter-Internationale (SAI) aus. Vergeblich versuchte er, zu verhindern, daß die SAI gegen die Verfolgung von deutschen SPD-Mitgliedern protestiert, die seit der Machtübergabe an die Nationalsozialisten im Januar im Deutschen Reich an der Tagesordnung ist. Sozialdemokraten und Kommunisten werden seither zu Tausenden verhaftet. Wels befürchtet, daß der Protest die Verfolgungen noch verstärkt.

> **Rekorde in den 30er Jahren**
>
> **200 m:** J. Carlton (AUS) – 20,6 sec (1932)
> **Weitsprung:** Jesse Owens (USA) – 8,13 m (1935)
> **Weitsprung:** Erika Junghans (GER) – 6,07 m (1939)
> **400 m:** Rudolf Harbig (GER) – 46,0 sec (1939)

Politik

Für den Judenboykott wirbt das NS-Blatt »Angriff«. In seiner neuesten Ausgabe ruft es dazu auf, jüdische Geschäfte zu meiden. Damit beginnt die offene Verfolgung der deutschen Juden durch das NS-Regime.

Wetter

Nach frostigen Temperaturen zu Jahresbeginn verabschiedet sich der Winter im März 1933 zügig. Das Thermometer erreicht Werte um 6,0 °C.

1934

Karfreitag 30. März

Politik

Italien geht eigene Wege. Faschistenführer und Staatschef Mussolini bekundet in einem Interview sein gutes Verhältnis zu Frankreich. In Berlin stoßen die Bemerkungen auf wenig Begeisterung. Hitler, der sich wie Mussolini zum Diktator aufgeschwungen hat, strebt nach einem Bündnis mit Italien und sieht in Frankreich einen seiner ärgsten Feinde. 1936 lockt er Mussolini durch ein Abkommen an seine Seite. Er verspricht ihm Unterstützung für seinen Eroberungswahn in Äthiopien. Die »Achse Berlin–Rom« steht.

Gesellschaft

Als Land für touristisches Vergnügen hat das Deutsche Reich ausgedient. Nach Angaben der Verkehrsämter ging die Zahl der Hotelübernachtungen im Sommer 1933 gegenüber dem Vorjahr um fast 20 % zurück. Man kann es den ausländischen Urlaubern nicht verdenken. Hitlers Gewaltmarsch Richtung NS-Diktatur bietet wenig Raum für Entspannung und Erholung.

Wetter

Die sonnigen Tage überwiegen im März 1934. Es fällt wenig Niederschlag. Die Temperaturen ergeben einen durchschnittlichen Wert von 5,6 °C.

1935

Samstag 30. März

Politik

An der Legende von Hitler als Retter der Arbeitslosen wird in Berlin kräftig gebastelt. Die NS-Regierung beschließt umfangreiche Arbeitsbeschaffungsmaßnahmen durch öffentliche Aufträge im Straßenbau. Als Hitler 1933 die Macht übernahm, versprach er den krisengeschüttelten Deutschen Besserung. Seither sorgt er für staatliche Aufträge in Baugewerbe und Rüstungsindustrie. Die so geschaffenen Arbeitsplätze gehen auf Kosten der Staatskasse, die er rücksichtslos plündert.

Kultur

Voll des Lobes sind die Kritiker über den Propagandafilm »Triumph des Willens«, der gestern in Berlin Premiere feierte. In technischer und ästhetischer Perfektion drehte die Regisseurin Leni Riefenstahl die verherrlichende Dokumentation über den NSDAP-Parteitag 1934.

Stars der 30er Jahre

Louis Armstrong
Trompeter
Marlene Dietrich
Filmschauspielerin
Greta Garbo
Filmschauspielerin
Fred Astaire
Tänzer/Schauspieler
Sonja Henie
Eiskunstläuferin

Wetter

Nicht spektakulär ist das Wetter im März 1935 mit einer Durchschnittstemperatur von 3,0 °C. Allerdings wird die Sonne häufig von Regenwolken vertrieben.

1936

Montag 30. März

Technik

Das größte Luftschiff der Welt, die LZ 129 »Hindenburg«, startet in Friedrichshafen zur ersten Südamerika-Reise. Der Gigant der Lüfte ist 145 m lang und kann 100 Personen transportieren. Seine vier Dieselmotoren erlauben eine Geschwindigkeit von 130 km/h. Der Luftschiffverkehr nahm um 1900 seinen Anfang mit dem ersten »Zeppelin«. Schon 1937 geht die Ära der Luftschiffe aber jäh zu Ende, als die LZ 129 bei einer Landung in den USA explodiert. Der Luftschiff-Bau wird zugunsten des Flugzeugs eingestellt.

Figurbetonte Eleganz in den 30er Jahren: Kostüm aus Wollstoff mit Lederpaspeln

Politik

Deutsche Jugendliche werden auf Kurs gebracht. Ab heute erhalten nur noch Mitglieder der NS-Organisation Hitlerjugend (HJ) Stipendien. Die HJ wurde 1926 ins Leben gerufen. 1938 gehören ihr 8,5 Millionen Heranwachsende an.

Wetter

Nach einem milden Winter steigen die Temperaturen im März bereits auf Werte um 5,3 °C.

1937

Dienstag 30. März

Politik

Versöhnung feiert »Führer« **Hitler** mit General Erich Ludendorff in Berlin. Seit die beiden am Hitlerputsch von 1923 beteiligt waren, herrschte eisiges Schweigen. Nachdem der Umsturzversuch Hitlers gescheitert war, behauptete der verhaftete Ludendorff, er sei von Hitler verraten worden, und sagte sich vom Nationalsozialismus los. Ludendorff genießt als ehemaliger Heeres-Chef im Ersten Weltkrieg größtes Ansehen unter Rechten und Konservativen. Um sich ihre Sympathien zu sichern, inszeniert Hitler nun die Wiederbelebung der alten Freundschaft.

Politik

Aus Protest gegen das Hitlerregime tritt Carl Friedrich Goerdeler als Bürgermeister in Leipzig zurück. 1939 beteiligt er sich aktiv am bürgerlichen Widerstand gegen Hitler.

Der Herr liebt es eher klassisch: Sommersakko aus hellem Fischgrät

Wetter

Noch zu kühl sind die Temperaturen im März 1937 mit durchschnittlich 3,4 °C. Anhaltende Niederschläge sorgen für feuchte Witterung.

1938

Mittwoch 30. März

🌐 Politik

Fliehende Österreicher bereiten den Schweizern Kopfzerbrechen. Um den Flüchtlingsstrom zu bremsen, führt der Bundesrat den Visumzwang ein. Es handelt sich bei den Flüchtlingen um Österreicher, die sich nicht für den »Anschluß« ihres Landes an das Deutsche Reich erwärmen können. Anfang März marschierten deutsche Truppen ein, Hitler verkündete die Vereinigung. Von Zigtausenden wurde Hitler jubelnd begrüßt, während Sozialdemokraten, Kommunisten und Österreicher jüdischer Abstammung die Flucht ergriffen.

🌐 Politik

Wohlbehalten kehrt die »Robert Ley« zurück. Der Dampfer startete gestern von Hamburg aus seine Jungfernfahrt. Er wird in den Dienst der nationalsozialistischen Freizeitorganisation »Kraft durch Freude« gestellt.

> Über eine ungewöhnliche Geburt berichtet die russische Presse. Kürzlich erblickte ein Junge im Transsibirienexpreß das Licht der Welt. Er heißt Rudolf G. Nurejew und wird in den 60er Jahren ein weltberühmter Tänzer.

☀ Wetter

Strahlendes Wetter mit Temperaturen um 8,0 °C vertreibt den Winter 1938 rasch. Zum ersten Mal seit Jahrzehnten zeigt das Thermometer im März so hohe Werte an.

1939

Donnerstag 30. März

Politik

Nur eine Woche nach dem Anschluß des Memellandes an das faschistische Deutsche Reich ist die jüdische Bevölkerung aller Rechte beraubt. Eine Anordnung zwingt sie, sämtlichen Besitz registrieren zu lassen und bis Ende Mai ihren Schmuck abzuliefern. Am 23. März erzwang Hitler von Litauen die Eingliederung. Unmittelbar darauf brach der SS-Terror gegen die Juden los. Das Grenzgebiet zu Ostpreußen wurde nach dem Ersten Weltkrieg 1920 vom deutschen Staatsgebiet abgetrennt und später Litauen zugeschlagen.

Politik

Zum Dienst fürs Vaterland ruft die britische Regierung auf. Sie beschloß gestern die Verdopplung der britischen Territorialarmee auf 26 Divisionen, um für den drohenden Krieg gerüstet zu sein. Im September bricht der Zweite Weltkrieg aus, in dem die Briten gegen Nazideutschland und seine Verbündeten kämpfen.

Wetter

Regen und Kälte eröffnen im März 1939 das Frühjahr. Während der langjährige Mittelwert bei 31 mm liegt, werden in diesem Jahr 76 mm Niederschläge gemessen.

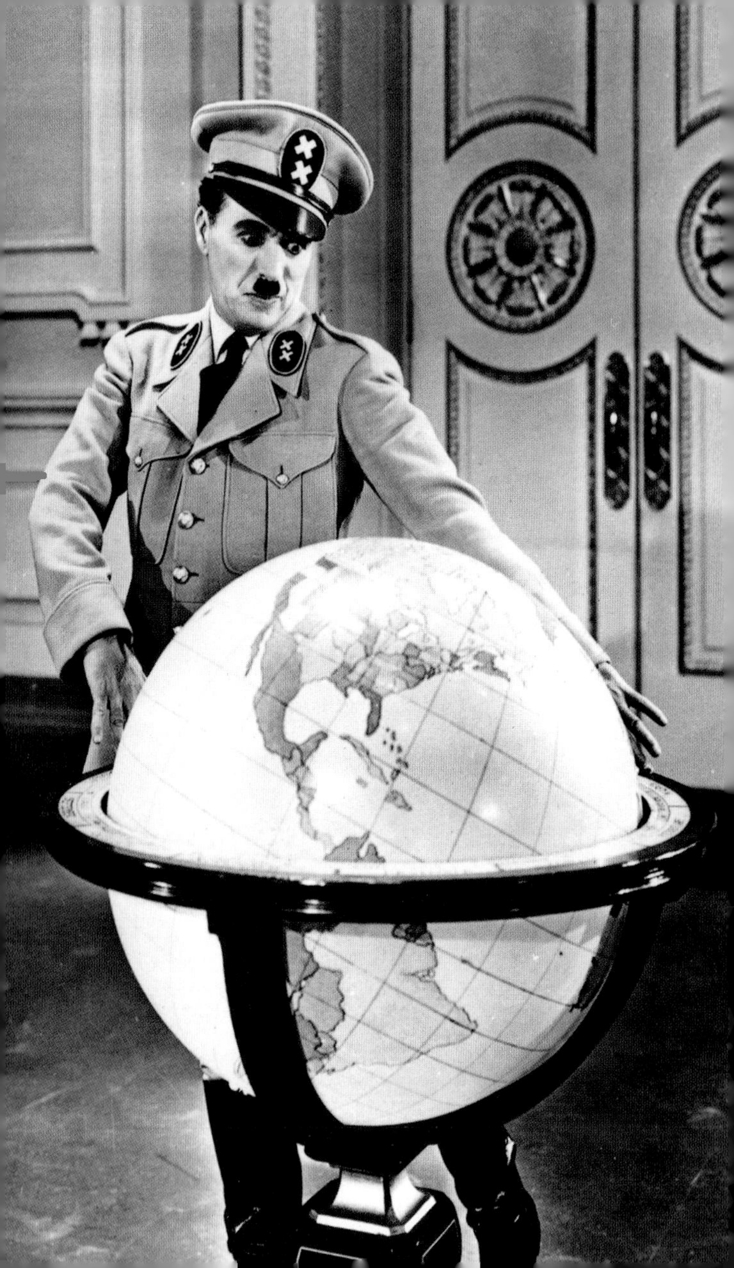

1940-1949

Highlights des Jahrzehnts

1940
- Deutscher Luftkrieg gegen Großbritannien
- Beginn der Westoffensive
- Winston Churchill neuer britischer Premierminister

1941
- Schottlandflug von Rudolf Heß
- Deutscher Überfall auf die Sowjetunion
- Japan greift Pearl Harbor an – Kriegseintritt der USA
- »Citizen Kane« von Orson Welles in den Kinos

1942
- Wannsee-Konferenz beschließt Judenvernichtung
- 6. Armee in Stalingrad eingeschlossen
- Beginn alliierter Luftangriffe auf deutsche Städte
- »Casablanca« mit Ingrid Bergman und Humphrey Bogart uraufgeführt

1943
- Goebbels propagiert den »totalen Krieg«
- Ende der Widerstandsgruppe »Weiße Rose«
- Aufstand im Warschauer Ghetto scheitert

1944
- Alliierte landen in der Normandie
- Stauffenberg-Attentat auf Hitler scheitert
- Charles de Gaulle wird Staatschef Frankreichs
- US-Präsident Franklin D. Roosevelt zum dritten Mal wiedergewählt

1945
- KZ Auschwitz befreit
- Bedingungslose Kapitulation Deutschlands
- Vereinte Nationen gegründet
- Beginn der Potsdamer Konferenz
- US-Atombomben zerstören Hiroshima und Nagasaki

1946
- Gründung der SED
- Nürnberger NS-Prozesse
- US-Atombombentests im Südpazifik
- Hilfe durch Care-Pakete aus den USA
- Französischer Kolonialkrieg in Vietnam

1947
- Marshallplan-Hilfe für Europa
- Indien feiert Unabhängigkeit von Großbritannien
- GATT regelt den Welthandel
- Thor Heyerdahls »Kon-Tiki«-Expedition erfolgreich

1948
- Mahatma Gandhi ermordet
- Währungsreform in Ost und West
- UdSSR verhängt Berlin-Blockade
- Staatsgründung Israels
- Korea gespalten
- UNO-Menschenrechtsdeklaration

1949
- Gründung der NATO
- Grundgesetz für die Bundesrepublik Deutschland verkündet
- Konrad Adenauer erster Bundeskanzler
- Proklamation der Deutschen Demokratischen Republik
- Chinesische Revolution

◄ Charlie Chaplin als »Großer Diktator« (1940)

1940

Samstag 30. März

Politik

Die Reisediplomatie der USA erweist sich als zwecklos. US-Präsident Roosevelt teilt mit, daß die Mission seines Unterhändlers Sumner Welles gescheitert ist. Er sollte im Deutschen Reich mit »Führer« Hitler über einen Friedensschluß im Zweiten Weltkrieg verhandeln. Ein halbes Jahr nach Ausbruch des Krieges geben sich die Großmächte noch der Hoffnung hin, Hitler werde sich mit einer Reihe erfolgreicher »Blitzkriege« zufrieden geben. Sie begreifen erst allmählich, daß der Fanatismus des Diktators keine Grenzen kennt. Er träumt von einem »arischen Weltreich« und plant längst den sog. Vernichtungskrieg gegen Juden und Slawen.

Gesellschaft

Die »unehrenhafte Verwendung von Metallen« wird in Deutschland mit hohen Strafen belegt. Sämtliche Metallgegenstände werden zu Rüstungszwecken eingesammelt. Um Spendenmuffel zu mobilisieren, behilft sich die Regierung mit Drohungen.

Wetter

Nach einem extrem harten Winter überwiegen erstmals in diesem Jahr Temperaturen über dem Gefrierpunkt. Anhaltende Schnee- und Regenfälle trüben die Freude über die Wetterbesserung.

1941

Sonntag 30. März

Politik

Den Verlust von 66 Schiffen hat das Deutsche Reich mit seinen Verbündeten zu verkraften. Die US-Regierung beschlagnahmt die Schiffe, die in amerikanischen Häfen liegen. Die Mannschaften werden interniert. In den folgenden Tagen tun es die mittel- und südamerikanischen Staaten den USA gleich. Sie unterstützen damit die Alliierten im Kampf gegen das faschistische NS-Regime im Zweiten Weltkrieg. Die Beschlagnahmung bringt den Handelsverkehr von der Pazifikregion über den Panamakanal nach Europa zum Erliegen.

Sport

Den Boxländerkampf in Königsberg entscheidet die Mannschaft des Deutschen Reiches für sich. Sie gewinnt gegen die Auswahl aus Schweden mit einem überlegenen 12:4.

Rekorde in den 40er Jahren

5000 m: G. Hägg (SWE) – 13:58,2 min (1942)
Hochsprung: Fanny Blankers-Koen (HOL) – 1,71 m (1943)
Marathon: Suh Yun Bok (KOR) – 2:25:39 h (1947)
Speerwerfen: Natalia Smirnizkaja (URS) – 53,41 m (1949)

Wetter

Bei Sonne und milden Temperaturen zeigen sich im März 1941 die ersten Knospen schon bald. Das Thermometer zeigt Werte um 3,3 °C. Die Sonne hat aber häufig gegen Regenwolken anzukämpfen.

1942

Montag 30. März

🌐 Politik

Der Schock nach dem britischen Luftangriff auf Lübeck sitzt tief. »Führer« Hitler beauftragt seinen Propagandaspezialisten Goebbels damit, Hilfsmaßnahmen für den Fall weiterer Angriffe zu organisieren. Vor zwei Tagen flog die britische Luftwaffe ihr erstes Flächenbombardement auf deutsche Wohngebiete. Bislang wurden im Zweiten Weltkrieg nur deutsche Industrieanlagen gezielt bombardiert. Die neue Taktik des britischen Oberbefehlshabers »Bomber«-Harris soll die deutsche Zivilbevölkerung demoralisieren. Hitler befürchtet negative Auswirkungen auf die Kriegsbegeisterung der Deutschen.

🌐 Politik

Eine Allianz gegen Japan ruft US-Präsident Roosevelt aus. Er gründet den Pazifischen Kriegsrat, dem Australien, die Niederlande, Kanada, China, Großbritannien und die USA angehören. Ende 1941 begann im Pazifik der Krieg gegen Japan.

☀️ Wetter

Nur 14 mm Niederschlag werden im März 1942 gemessen, während der langjährige Mittelwert bei 31 mm liegt. Die Sonne kommt dafür um so häufiger zum Vorschein (149 Stunden).

1943

Dienstag 30. März

Politik

Als Belohnung für ihr »Wohlverhalten« überträgt Japan der chinesischen Marionettenregierung in Nanking alle Rechte an den von japanischen Truppen besetzten chinesischen Binnenhäfen. Seit 1937 kämpft Japan gegen China und hat bereits die gesamte Ostküste erobert. Die chinesische Regierung floh vor der Übermacht. Japan ernannte eine hörige Regierung, die im Januar in den Pazifikkrieg eintrat, in dem sich Japan seit Ende 1941 gegen die Alliierten durchzusetzen versucht.

Politik

Dem gnadenlosen NS-Terror fallen deutsche Sozialdemokraten und Kommunisten zum Opfer. Sie werden auf Anweisung der Geheimen Staatspolizei aus der Justizhaft in Konzentrationslager verschleppt. Seit der Machtübernahme Hitlers 1933 leiden linke Politiker unter der Verfolgung durch das NS-Regime.

> Deutsche Friseure erleben einen Massenansturm weiblicher Kundschaft. Nach heftigen Protesten hebt die Reichsregierung das Verbot von Dauerwellen auf. Dem Lockenkopf steht damit nichts mehr im Weg.

Wetter

Besonders schön ist das Wetter im März 1943. Den geringen Niederschlägen (10 mm) entsprechen 189 Sonnenscheinstunden; normal sind 151 Stunden.

1944

Donnerstag 30. März

🌐 Politik

Der Widerstand gegen den »totalen Krieg« kostet General von Manstein seinen Posten als Oberbefehlshaber der Heeresgruppe Süd. Er wird von Hitler entlassen, weil er den Rückzug der deutschen Truppen von der Ostfront forderte. Hitler hält in Verkennung der Realitäten an seinen »Endsieg«-Hoffnungen fest und verbietet die »Flucht« von der Front. Bereits Ende 1942 zeichnete sich, eineinhalb Jahre nach dem deutschen Überfall auf die Sowjetunion, die Überlegenheit der Roten Armee ab. Mit dem Abbruch der letzten deutschen Offensive im Sommer 1943 übernahmen die sowjetischen Truppen endgültig die Initiative.

🌐 Politik

Trotz heftiger Proteste lehnt das britische Unterhaus mit großer Mehrheit den Antrag ab, weiblichen Lehrkräften dasselbe Gehalt zu zahlen wie ihren männlichen Kollegen. Seit Ausbruch des Krieges 1939 übernahmen Zehntausende von Frauen die Stellen frontdienender Männer.

⛅ Wetter

Mit Regen und zu niedrigen Temperaturen beginnt im März 1944 der Frühling. Die Niederschläge liegen mit 57 mm weit über dem langjährigen Mittel.

1945

Freitag 30. März

Politik

Im Osten geht nichts mehr. Sowjetische Truppen erobern die Hafenstadt Danzig. Damit scheitert der deutsche Versuch, den Hafen zu halten, um die Flucht über die Ostsee zu ermöglichen. Die entkräfteten deutschen Truppen haben der Wucht der sowjetischen Offensive nichts mehr entgegenzusetzen. Als sie im Januar begann, weigerte sich Hitler, zur Verstärkung Truppen von der Westfront abzuziehen. Dort haben die Westalliierten schon die ersten deutschen Städte erreicht. Im Mai kapituliert Deutschland nach über sechs Jahren Krieg.

Politik

Eine Bilanz der »V 1«-Angriffe präsentiert die britische Regierung. Seit 1944 erreichten 1050 der deutschen »Wunderwaffen« britischen Boden. Die Angriffe forderten fast 5000 Menschenleben.

Wetter

Nach einem kalten Winter herrscht im März endlich Tauwetter. Die Temperaturen steigen auf durchschnittlich 6,8 °C. Damit wird es wesentlich wärmer als in den Vorjahren.

Stars der 40er Jahre

Humphrey Bogart
Filmschauspieler
John Wayne
Filmschauspieler
Katharine Hepburn
Filmschauspielerin
Hans Albers
Filmschauspieler
Joe Louis
Boxer

1946

Samstag 30. März

🌐 Politik

Nach zehn Monaten Besatzungsherrschaft lockern die USA die Zügel. Die nächtliche Ausgangssperre, die seit Kriegsende 1945 in der US-Zone galt, wird aufgehoben. Bei ihrer Ankunft im besiegten Deutschland hegten die US-Amerikaner zunächst großes Mißtrauen gegenüber den ehemaligen Untertanen Hitlers. Strenge Reglements sollten die Deutschen unter Kontrolle halten. Schon im August erlaubten sie aber die Neugründung demokratischer Parteien. Das Verhältnis zwischen Besatzern und Besetzten entspannt sich zusehends.

Preise in den 40er Jahren

1 kg Butter	3,50
1 kg Mehl	0,45
1 kg Fleisch	1,60
1 l Vollmilch	0,26
1 Ei	0,12
10 kg Kartoffeln	1,00
1 kg Zucker	0,76
Stundenlohn in RM, Stand 1943	0,81

🌐 Politik

Die Schergen Hitlers müssen sich für die Greueltaten des NS-Regimes verantworten. Auf dem Gelände des ehemaligen Konzentrationslagers Dachau beginnt der Prozeß gegen 61 Ex-Mitglieder der SS. Sie wachten während des Krieges über die Ermordung tausender Juden.

☀️ Wetter

Gelegentliche Niederschläge und eine Durchschnittstemperatur von 3,8 °C bietet der März 1946.

1947

Sonntag 30. März

Politik

Der Krieg der Religionen in Indien nimmt seinen Anfang. In Bombay gehen Hindus und Moslems aufeinander los. Gleichzeitig kündigen Sikhs ihren Widerstand für den Fall einer Aufteilung des Landes an. Das britisch beherrschte Indien steht kurz vor seiner Entlassung in die Unabhängigkeit. Um die Gegensätze zwischen Hindus und Moslems zu schlichten, wird im August ein Teil als moslemischer Staat Pakistan abgetrennt. Die Sikhs halten ihr »Versprechen« und sorgen seither für Unruhe.

> Enttäuschung spricht aus den britischen Artikeln über das traditionelle Pferde-Hindernisrennen Grand National Steeplechase in Aintree. Wie schon seit 15 Jahren ist kein einziger Brite unter den Preisträgern.

Politik

Ohne Feierlichkeiten werden die Zeppelinwerke in Friedrichshafen an niederländische Regierungsvertreter übergeben. Das Land erhält sie als Wiedergutmachung für den deutschen Besatzungsterror im Zweiten Weltkrieg. Seit 1900 wurden hier Luftschiffe gebaut.

Wetter

Der Frühlingsmonat März ist 1947 mit 1,9 °C immer noch vergleichsweise frostig.

1948

Dienstag 30. März

Politik

Der kalte Krieg heizt sich auf. Die sowjetischen Besatzungsbehörden in Berlin kündigen an, daß sie ab sofort ein- und ausreisende Angehörige der Westalliierten kontrollieren. Berlin liegt mitten in der sowjetisch besetzten Zone (SBZ), wird aber seit Kriegsende 1945 von den vier Siegermächten verwaltet. Die sowjetischen Besatzer wollen die Westalliierten aus der Stadt verdrängen. Am 23. Juni ordnen sie eine Währungsreform in der SBZ an, die auf die Einführung der Deutschen Mark in den Westzonen reagiert. Sie beziehen ganz Berlin mit ein und riegeln die Stadt ab. Ab dem 24. Juni sind alle Zufahrtswege zwischen Berlin und den Westzonen gesperrt. Die Westberliner sind von jeglicher Versorgung abgeschnitten. Die Westalliierten bauen eine Luftbrücke auf. Bis Mai 1949 bringen Flugzeuge 277 000 t Hilfsgüter und 2 Mio. t Lebensmittel nach Berlin.

Das Extravagante an diesem Sommerkleid: der mit Tapeziernägeln besetzte Gürtel

Wetter

Wesentlich freundlicher als im vergangenen Jahr kündigt sich 1948 der Frühling an. Im März liegen die Temperaturen bei 5,6 °C.

1949

Mittwoch 30. März

Politik

Die britischen Besatzer machen Druck und fordern deutsche Politiker auf, ein Wohnungsbauprogramm zu starten. Die Wohnungsnot ist auch knapp vier Jahre nach Kriegsende ein Problem ersten Ranges. Jede fünfte Wohnung wurde während des Krieges zerstört. In Großstädten wie Köln sind nur knapp die Hälfte der Wohnungen noch brauchbar. Insgesamt stehen in den Westzonen nur neun Millionen Wohnungen für 15 Millionen Familien zur Verfügung. Noch im Laufe des Jahres setzt der Neubau-Boom ein.

Politik

Die Putschisten in Syrien geben sich die Klinke in die Hand. Diesmal stürzt der Armeechef Zaim die Regierung. Seit der Befreiung von französischer Herrschaft 1946 toben Unruhen in Syrien. Bis in die 70er Jahre reihen sich Umstürze aneinander.

Das Modemagazin »Esquire« stellt diese Abendmode für den Herrn vor

Wetter

Für die Jahreszeit zu kühl ist es im März 1949. Die Temperaturen erreichen einen Schnitt von 2,5 °C.

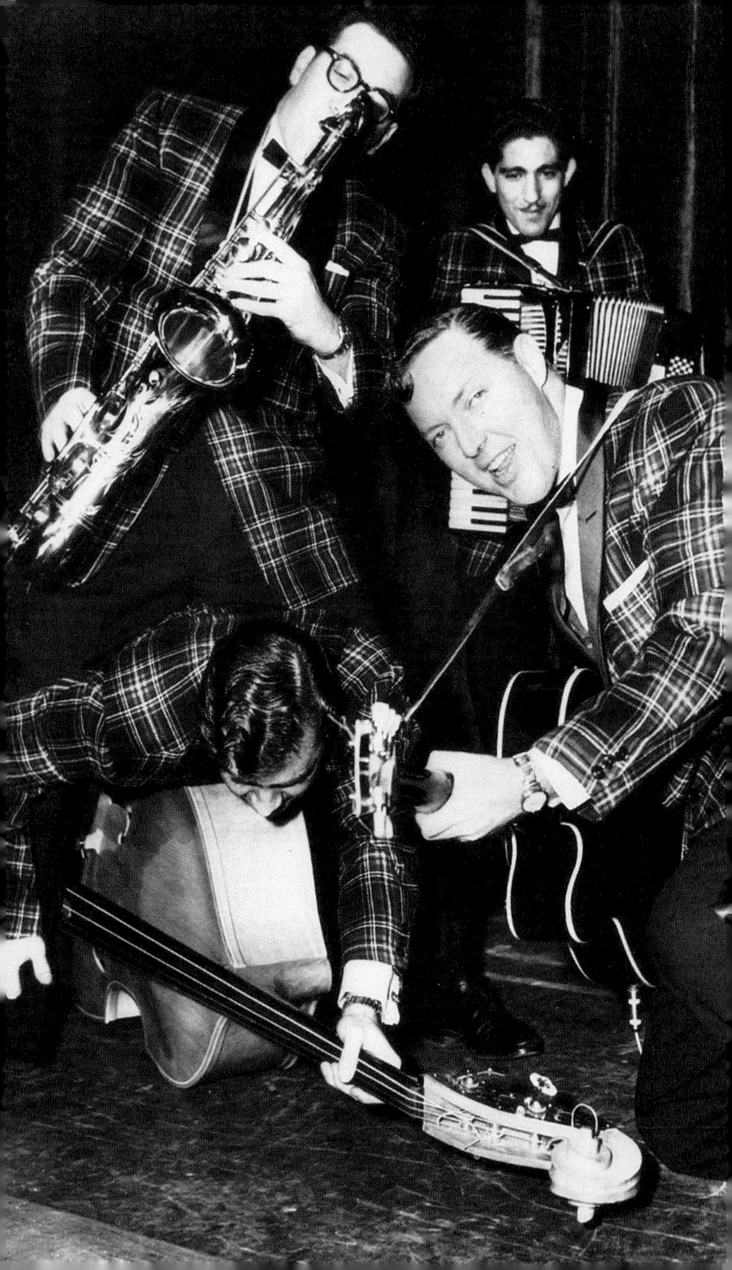

1950-1959

Highlights des Jahrzehnts

1950
- Ausbruch des Koreakrieges
- Abschaffung der Lebensmittelmarken in Deutschland

1951
- Debatte um die Wiederaufrüstung Deutschlands
- Skandal um Hildegard Knef als »Sünderin«
- Erster Schritt zur europäischen Einigung: Montanunion perfekt
- Der persische Schah Mohammed Resa Pahlewi heiratet Soraya

1952
- Helgoland wieder unter deutscher Verwaltung
- Staatsstreich in Ägypten
- DDR riegelt Grenze ab
- Dwight D. Eisenhower wird zum 34. US-Präsidenten gewählt
- USA zünden Wasserstoffbombe
- In Deutschland bricht das Fernsehzeitalter an

1953
- Tod des sowjetischen Diktators Josef Stalin
- Volksaufstand in der DDR
- Elisabeth II. zur Königin von Großbritannien und Nordirland gekrönt
- Mount Everest: Höchster Berg der Welt bezwungen

1954
- Französische Niederlage in Vietnam
- Deutschland wird in Bern Fußballweltmeister
- Beginn des Algerienkrieges
- Mit »That's alright Mama« beginnt der Aufstieg von Elvis Presley

1955
- Die Bundesrepublik wird ein souveräner Staat
- Gründung des Warschauer Paktes
- Tragischer Tod von James Dean
- Erste »documenta«

1956
- Traumhochzeit von Grace Kelly und Rainier III. von Monaco
- Volksaufstand in Ungarn
- Suezkrise führt zu Nahostkrieg
- Musical »My Fair Lady« beginnt seinen Siegeszug um die Welt

1957
- Gründung der EWG
- »Sputnik-Schock« bildet Auftakt zu Wettlauf im All
- Heinz Rühmann als »Hauptmann von Köpenick« gefeiert
- Erste Massenimpfung gegen Kinderlähmung

1958
- De Gaulle und Adenauer begründen deutsch-französische Freundschaft
- Rock 'n' Roll-Fieber grassiert weltweit
- Pelé – Star der Fußballweltmeisterschaft in Schweden
- Atomium ist Wahrzeichen der Weltausstellung in Brüssel

1959
- Fidel Castro übernimmt die Macht in Kuba
- Hula-Hoop-Welle schwappt aus den USA nach Europa
- Premiere des Marilyn-Monroe-Films »Manche mögen's heiß«
- Erste Bilder von der Rückseite des Mondes

◀ Rock around the clock: Bill Haley (vorn) »erfindet« den Rock 'n' Roll

1950

Donnerstag 30. März

Gesellschaft

In den Ferienorten der Schweiz treffen hunderte kleine Deutsche ein. Sie kommen dank der Schweizer Kinderhilfe in den Genuß eines Ferienaufenthalts in der Alpenrepublik. Seit 1946 lud die Hilfsorganisation tausende deutsche Kinder ein, die sich von den Schrecken des Krieges und der Not und Armut der Nachkriegszeit erholen sollen. Sie werden Schweizer Familien anvertraut, die sie mehrere Wochen kostenlos verpflegen.

Gesellschaft

Das Aufführungssperre für den Spielfilm »Titanic« erregt in der deutschen Presse Unmut. Die Alliierten verboten gestern den 1943 gedrehten Film, weil er zu den NS-Propagandawerken gehört. Der Streifen über den Untergang des britischen Luxusdampfers (1912) hat Szenen, in denen Briten gerettet werden, während Deutsche ihrem Schicksal überlassen bleiben.

Rekorde in den 50er Jahren

Kugelstoßen: Jim Fuchs (USA) – 17,95 m (1950)
10 000 m: Emil Zátopek (TCH) – 28:54,6 min (1954)
800 m: R. Moens (BEL) – 1:45,7 min (1955)
Eisschnellauf: Eugen Grischin (URS) – 1000 m in 1:22,8 min (1955)

Wetter

Bei geringen Niederschlägen erwärmt sich die Luft im März 1950 kräftig auf durchschnittlich 5,4 °C.

1951

Freitag 30. März

Politik

Der Streit um das iranische Öl treibt 12 000 Arbeiter in den Streik. Sie fordern die Verstaatlichung der von Briten beherrschten Erdölindustrie. Ihre Proteste richten sich gegen die Anglo-Iranian Oil Company, die seit Mitte der 20er Jahre im Iran ansässig ist. Die britische Beteiligung an den Erdölvorkommen geht auf Schah Resa Pahlawi zurück, der Mitte der 20er Jahre die industrielle Entwicklung des Landes mit britischer Unterstützung vorantrieb. Mit dem Regierungsantritt von Ministerpräsident Mossadegh im April setzt sich die antibritische Stimmung vollends durch. Im Mai wird die Verstaatlichung vollzogen.

Politik

Gehaltserhöhungen um ein Drittel fordern die bundesdeutschen Beamten. Der Beamtenbund droht mit Streiks für den Fall der Verweigerung. Seine Vertreter warnen vor der politischen Radikalisierung der Staatsdiener, falls die Bundesregierung ihren Wünschen nicht nachgebe.

Wetter

Naß und kalt ist es zum Frühlingsbeginn 1951. Die Niederschlagsmenge liegt mit 61 mm doppelt so hoch wie im März üblich.

1952

Sonntag 30. März

Politik

Einen Feiertag mit Zwischenfällen begehen die Franzosen in Marokko. Am heutigen Gedenktag der Gründung des französischen Protektorats über das nordafrikanische Land im Jahr 1912 demonstrieren Tausende von Marokkanern für die Befreiung ihres Landes. Frankreich reagiert mit unnachgiebiger Härte. Erst als 1954 auch im französisch beherrschten Nachbarland Algerien Unruhen ausbrechen, lenken die Franzosen ein. Am 2. März 1956 feiert Marokko seine Unabhängigkeit.

Gesellschaft

Frauenzeitschriften berichten über die »Revolution am Damenbein«. Der Perlonstrumpf erfreut sich seit Kriegsende 1945 in den USA größter Beliebtheit. In der BRD ist er seit 1950 zu haben. Für viele Frauen bleibt das Beinkleid aber ein Traum, denn die Perlons kosten zwischen 6 und 13 DM. Der Durchschnittsstundenlohn liegt bei 1,50 DM.

Wetter

Die Schlechtwetterfront, die zu Beginn des Jahres für trübe Aussichten gesorgt hatte, wird endlich von anhaltendem Sonnenschein verdrängt. Es regnet kaum noch, aber dennoch bleiben die Temperaturen mit durchschnittlich 1,2 °C zu niedrig.

1953

Montag 30. März

Politik

Auf Umwegen erreicht der jugoslawische Staatschef Tito sein Ziel des »besseren Sozialismus«. Er macht die Verstaatlichung der Landwirtschaft rückgängig. Tito lehnte sich seit 1945 an das »große Vorbild« Sowjetunion an. Dazu gehörte auch die zwangsweise Zusammenlegung privater Höfe zu riesigen Staatsbetrieben. Schon seit 1948 regt sich aber Widerstand gegen die diktatorische Sowjetunion. Tito emanzipiert sich vom Bruderstaat und lenkt sein Land in einen gemäßigten Sozialismus.

Stars der 50er Jahre

Marilyn Monroe
Filmschauspielerin
James Dean
Filmschauspieler
Elvis Presley
Sänger
Sophia Loren
Filmschauspielerin
Brigitte Bardot
Filmschauspielerin

Gesellschaft

Deutschland macht mobil. Das Verkehrsministerium meldet einen Autoboom. Bis Jahresende steigt die Zahl der neuzugelassenen Kraftfahrzeuge um fast 9 % auf 717 000. Damit fahren über vier Millionen Autos auf bundesdeutschen Straßen.

Wetter

Die Sonne scheint so häufig (213 Stunden), daß die Temperaturen im März 1953 auf durchschnittlich 5,8 °C ansteigen.

1954

Dienstag 30. März

🌐 Politik

Die Angst vor dem Kommunismus nutzt US-Außenminister Dulles in einer Rede, um die Einmischung Amerikas in den Indochinakrieg zu rechtfertigen. Er fordert ein »vereintes Vorgehen der freien Welt«, um die »rote Gefahr« zu bannen. Seit 1946 führen die Vietnamesen Krieg gegen die ehemalige Kolonialmacht Frankreich. Sie weigerte sich 1945, die unabhängige kommunistische Republik Vietnam anzuerkennen, und besetzte den Süden. Um sich die Einflußsphäre in Südostasien zu sichern, griffen die USA in den Krieg ein. Er endet im Mai mit der Niederlage Frankreichs. Das Land wird in Nord- und Südvietnam geteilt.

🌐 Politik

Volle Unterstützung erhalten die USA aus Großbritannien. Premier Churchill befürwortet weitere US-amerikanische Versuche mit Wasserstoffbomben, die als Abschreckung im kalten Krieg dienen. Die erste ging Ende 1952 auf dem Eniwetok-Atoll hoch, im August 1953 zog die Sowjetunion nach.

⛅ Wetter

Der eisige Winter ist überstanden. Bei gelegentlichem Sonnenschein erwärmen sich die Luftmassen im März 1954 auf durchschnittlich 3,8 °C.

1955

Mittwoch 30. März

Politik

Dem Bagdadpakt treten auch die Briten bei. Die Regierung in London beschließt ihre Beteiligung an dem vorderasiatischen Militärbündnis, dem seit Februar der Irak und die Türkei angehören. Es richtet sich gegen das befürchtete Vordringen der kommunistischen Großmacht Sowjetunion. Damit ist die Lücke zwischen den beiden Bündnissen NATO und SEATO geschlossen, die bereits in Westeuropa und im Mittelmeerraum sowie im pazifisch-asiatischen Raum einen »Schutzwall« gegen die Sowjetunion bilden.

Preise in den 50er Jahren

1 kg Butter	6,75
1 kg Mehl	0,76
1 kg Fleisch	5,01
1 l Vollmilch	0,40
1 Ei	0,23
10 kg Kartoffeln	2,14
1 kg Kaffee	21,40
Stundenlohn	1,96

in DM, Stand 1955

Sport

Trotz des großen Aufgebots von sieben Spielern der Weltmeisterelf von 1954 muß die bundesdeutsche Mannschaft in Stuttgart den Italienern den Sieg überlassen. Das Länderspiel geht 1:2 aus.

Wetter

Noch viel zu kalt ist es mit einem Schnitt von 0,6 °C im März 1955. Der wolkenverhangene Himmel macht es der Sonne schwer.

1956

Karfreitag 30. März

Politik

Hundertprozentig linientreu bleibt die SED-Führung in der DDR. Auf ihrem dritten Parteitag in Ostberlin traut sich nur ein Parteimitglied, Kritik am Diktator Stalin zu üben. Nach dessen Tod 1953 übernahm Nikita Chruschtschow die Führung in der Sowjetunion. Anfang dieses Jahres gab er mit der Enthüllung der Verbrechen unter Stalin den Startschuß für die Entthronung seines Vorgängers. Damit beginnt eine kurze Phase der Liberalisierung im Ostblock. Das SED-Regime hält jedoch am Hardliner-Kommunismus fest.

Gesellschaft

Neue Arbeitskräfte strömen über die Grenzen. Die Bonner Behörden melden einen sprunghaften Anstieg ausländischer Arbeitnehmer. Bis Juli steigt ihre Zahl um über 24 % auf knapp 100 000 an. Die Bundesregierung schloß Anfang des Jahres die ersten Verträge zur Entsendung von »Gastarbeitern«, um den Mangel an Arbeitskräften in Wirtschaftswunder-Deutschland aufzufangen.

Wetter

Strahlender Sonnenschein leitet im März 1956 den Frühling ein. Die Temperaturen steigen auf durchschnittlich 3,2 °C.

1957

Samstag 30. März

Politik

Fest im Sattel sitzt der indische Regierungschef Nehru. Bei den Parlamentswahlen erreicht die von ihm geführte Kongreßpartei die Zweidrittelmehrheit und in elf der 14 Provinzen die absolute Mehrheit. Nehru war maßgeblich am Kampf seines Landes um die Befreiung von britischer Kolonialherrschaft beteiligt, die 1947 Wirklichkeit wurde. Seither genießt er großes Ansehen. Auch 1962 kann sich die Kongreßpartei behaupten.

Kultur

Einer der erfolgreichsten Dramatiker Österreichs präsentiert im Wiener Burgtheater sein neuestes Stück: »Die Herberge«. Schon Ende der 30er Jahre machte Fritz Hochwälder durch seine historisch-politischen »Zeitdramen« auf sich aufmerksam.

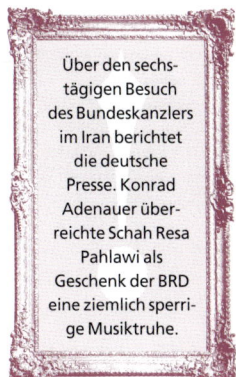

> Über den sechstägigen Besuch des Bundeskanzlers im Iran berichtet die deutsche Presse. Konrad Adenauer überreichte Schah Resa Pahlawi als Geschenk der BRD eine ziemlich sperrige Musiktruhe.

Wetter

Angenehm mild ist es im März 1957. Der Monatsdurchschnitt liegt bei 5,8 °C. Die Sonne kommt allerdings nur relativ selten zum Vorschein. Während der langjährige Mittelwert für die Sonnenscheindauer im März bei 151 Stunden liegt, werden 1957 nur 92 Stunden gemessen.

1958

Sonntag 30. März

Gesellschaft

Mit einem Flug von Wien nach London feiern die Austrian Airlines (AUA) die Eröffnung des Flugverkehrs. Nach der Verbindung mit Großbritannien soll schon Ende Juni der Flugdienst mit Rom aufgenommen werden. Die AUA entstand 1957 aus der Zusammenlegung zweier kleinerer Gesellschaften. Sie kommt dem international gewachsenen Interesse am Flugverkehr entgegen. 1958 starten über 133 000 Flugpassagiere von Österreich aus, über 6 % mehr als 1957.

Stets korrekt und im Zweifelsfall eher weit geschnitten: Herrenmode in den 50ern

Politik

Die internationale Presse lobt den Schweizer Schriftsteller Max Frisch. Er präsentierte gestern in Zürich sein Stück »Herr Biedermann und die Brandstifter«. Die Geschichte von einem Fabrikanten, der zum feigen Mitläufer wird, warnt vor politischer Verantwortungslosigkeit.

Wetter

Noch in weiter Ferne scheint der Frühling im März 1958 bei einer mittleren Temperatur von 0,5 °C. Die Sonne hat nur selten Gelegenheit, für Wärme zu sorgen.

1959

Ostermontag 30. März

Politik

Der stellvertretende Chef der NATO-Truppen, Montgomery, plädiert für den Abzug der ausländischen Truppen aus der BRD. Die »NATO-Front« solle von bundesdeutschen Einheiten gesichert werden. Kanzler Adenauer, der seit zehn Jahren vor der Gefahr eines sowjetischen Übergriffs auf die BRD warnt, äußert Besorgnis. In Pressekommentaren wird die Wirtschaftskrise der Briten für den Wunsch nach Truppenabzug verantwortlich gemacht. Seit Kriegsende 1945 sind Truppen der Alliierten in der BRD stationiert. Sie bleiben bis zur Wiedervereinigung 1990.

Für eine gute Figur auf der Tanzfläche: Kleid aus Chiné-Taft

Gesellschaft

Vertreter der Ärzteschaft prangern die Notstände im bundesdeutschen Gesundheitswesen an. Sie geben an, daß 30 000 Betten fehlen. Bis Jahresende steigt die Zahl der Krankenhäuser um 5 % auf 3614.

Wetter

Ausgiebig schön ist der März 1959. Die Temperaturen steigen auf durchschnittlich 7,1 °C.

KENNEDY FOR PRESIDENT

LEADERSHIP FOR THE 60's

1960–1969

Highlights des Jahrzehnts

1960
- Gründung der EFTA
- Frankreich wird 4. Atommacht
- John F. Kennedy wird 35. Präsident der USA
- Hochzeit des Jahres: Fabiola und König Baudouin von Belgien

1961
- Erster Mensch im Weltraum: der Russe Juri Gagarin
- Bau der Mauer in Berlin
- Gründung von Amnesty International

1962
- Flutkatastrophe an der Nordseeküste und in Hamburg
- Kuba-Krise: USA erzwingen Abbau sowjetischer Raketenbasen
- »Spiegel«-Affäre löst Regierungskrise aus
- Start der erfolgreichsten Serie der Kinogeschichte: James Bond

1963
- Deutsch-Französischer Freundschaftsvertrag
- US-Präsident Kennedy wird in Dallas erschossen
- Marika Kilius und Hans-Jürgen Bäumler werden Weltmeister im Eiskunstlaufen

1964
- Die USA greifen in den Vietnamkrieg ein
- Revolution in der Damenmode: der Minirock
- Der 22jährige Cassius Clay wird jüngster Boxweltmeister
- UdSSR: Breschnew neuer KP-Chef
- Erfolgreichste Pop-Gruppe der 60er: die Beatles
- Den Rolling Stones gelingt der internationale Durchbruch

1965
- Im Alter von 90 Jahren stirbt in London Winston Churchill
- Erste Fotos vom menschlichen Embryo im Mutterleib
- Ziehung der Lottozahlen erstmals im Fernsehen

1966
- Große Koalition aus CDU/CSU und SPD gebildet
- APO beginnt sich zu formieren

1967
- Sechs-Tage-Krieg in Nahost
- Erste Herztransplantation
- Bürgerkrieg in Biafra
- Kult-Musical »Hair« wird uraufgeführt

1968
- Ermordung des schwarzen Bürgerrechtlers Martin Luther King und des US-Präsidentschaftskandidaten Robert Kennedy
- »Prager Frühling« durch Einmarsch von Warschauer-Pakt-Truppen beendet
- Aufklärungswelle erreicht den Schulunterricht

1969
- Willy Brandt wird Kanzler einer sozialliberalen Koalition
- Der erste Mensch betritt den Mond
- »Sesamstraße« begeistert Millionen von Kindern
- Rockfestival in Woodstock

◀ Voller Optimismus in die 60er: John F. Kennedy und seine Frau Jacqueline

1960

Mittwoch 30. März

🌐 Politik

Gegen die Verstaatlichung der landwirtschaftlichen Betriebe in der DDR protestiert die Bonner Bundesregierung. Seit Anfang März werden die Bauern in der DDR gezwungen, ihre Höfe zu Riesenbetrieben zusammenzulegen. Die Landwirtschaftlichen Produktionsgenossenschaften (LPG) sollen die Privatwirtschaft durch genossenschaftliche Betriebe ersetzen. Während DDR-Chef Ulbricht die Zwangsreform als »Schritt vom Ich zum Wir« anpreist, packen Tausende von Bauern ihre Sachen und fliehen in den Westen.

Rekorde in den 60er Jahren

Stabhochsprung: Brian Sternberg (USA) – 5,00 m (1963)
Hochsprung: V. Brumel (URS) – 2,28 m (1963)
Weitsprung: Bob Beamon (USA) – 8,90 m (1968)
100 m: Jim Hines (USA) – 9,9 sec (1968)

🍸 Gesellschaft

Horrormeldungen aus Brasilien treffen in der BRD ein. Im Nordosten des Landes verlieren 600 000 Menschen nach einer Überschwemmung ihr Zuhause. Mit den Wassermassen werden Piranhas angeschwemmt, die die Obdachlosen anfallen.

☀️ Wetter

Das Frühjahr beginnt im März 1960, der mit 4,1 °C etwas wärmer als normal ist, nach Plan.

1961

Donnerstag 30. März

Politik

Proteste gegen die atomare Aufrüstung stören in bundesdeutschen Städten die vorösterliche Ruhe. Die Diskussion über die atomare Bewaffnung der Bundeswehr rüttelt seit 1957 die Bevölkerung auf. Kanzler Adenauer setzte sich für die Aufrüstung ein, um die BRD als starken NATO-Partner zu präsentieren. Damit rückte die Politik der atomaren Abschreckung, die die beiden Supermächte USA und Sowjetunion betreiben, vor bundesdeutsche Haustüren. Die Proteste entwickeln sich bis in die 70er zur Massenbewegung.

Gesellschaft

Konkurrenz belebt das Geschäft und senkt die Preise. Die Hersteller der »Westfalen«-Kraftstoffe senken an ihren 300 Tankstellen die Preise auf 58 Pfennig für einen Liter Normalbenzin und 65 Pfennig pro Liter Super. Damit liegen sie knapp unter den anderen großen bundesdeutschen Erdölgesellschaften. Sie senkten Anfang 1960 die Preise auf 59 bzw. 66 Pfennig.

Wetter

Bereits sehr warm mit 6,7 °C im Monatsdurchschnitt ist es im März 1961. Mit 128 Sonnenscheinstunden ist es aber wolkiger als sonst.

1962

Freitag 30. März

Politik

Tausende Maulkörbe verteilt die südkoreanische Militärregierung. Sie verbietet 2904 Oppositionellen jegliche politische Betätigung. Damit versuchen die neuen Machthaber, ihre Regierung zu stabilisieren. Die Militärs stürzten 1961 den demokratisch gewählten Premier Chang Myon und übernahmen unter Führung General Park Chung Hees die Macht. Seither kann von Demokratie keine Rede mehr sein. Dennoch wird Park von den USA unterstützt, die in Südkorea eine Bastion gegen das kommunistische Nordkorea sehen.

Politik

Die Ära Dobrynin beginnt. Der neue Botschafter der Sowjetunion, Anatoli F. Dobrynin, tritt in Washington sein Amt an. Er bleibt bis 1986 in den USA und tritt als Vermittler in den Krisen des kalten Krieges auf. 1985 wirbt er in Washington für den sowjetischen Reformer Gorbatschow, der endlich die Annäherung der Supermächte ermöglicht.

Wetter

Außergewöhnlich kalt bleibt es im März 1962 mit einem Monatsschnitt von gerade 1,0 °C gegenüber einem Normalwert von 3,9 °C. Auch die Sonne scheint mit 106 Stunden weniger als gewöhnlich.

1963

Samstag 30. März

Politik

Auf US-amerikanischen Kurs bringen rechte Militärs die Regierung in Guatemala. Der bisherige Präsident Azurdía wird wegen seiner Sympathien für die Linken abgesetzt. Die Militärs werden von den USA unterstützt, die bereits Anfang der 50er Jahre eine linke Regierung vertrieb. Diese drängte mit ihren Bodenreformen die US-Gesellschaften aus dem Land, die vom Bananenhandel profitierten. Die USA inszenierten mit Hilfe des CIA einen Putsch rechter Militärs, die die Reformen rückgängig machten.

Politik

Das Erbe ihrer Kolonialherren treten die Algerier an. Die Regierung ordnet an, daß verlassene französische Güter in Genossenschaftsbetriebe umgewandelt werden sollen. Nach acht Jahren Krieg errang das nordafrikanische Land 1962 seine Unabhängigkeit von Frankreich.

Stars der 60er Jahre

Die Beatles
Popgruppe
Sean Connery
Filmschauspieler
Pelé
Fußballspieler
Jean Paul Belmondo
Filmschauspieler
Dustin Hoffman
Filmschauspieler

Wetter

Noch winterlich ist es im März 1963: Die Temperaturen um 2,7 °C liegen deutlich unter dem Mittelwert von 3,9 °C.

1964

Ostermontag 30. März

Politik

Ein Waffenstillstand zwischen Äthiopien und Somalia soll die Grenzstreitigkeiten beenden, die seit drei Jahren die Region belasten. 1960 schlossen sich das ehemals italienisch beherrschte Somalia und die frühere britische Kolonie Somaliland zu einer selbständigen Republik zusammen. Der neue Staat erhob Anspruch auf die Eingliederung der äthiopischen Grenzgebiete, in denen rund 1,5 Somalis als nationale Minderheit leben. Äthiopien lehnte den Anschluß ab, da es sich vor der Übermacht des neuen großen Somalia fürchtete. Jetzt soll der Konflikt durch Verhandlungen gelöst werden.

Gesellschaft

Unruhen erschüttern den US-Bundesstaat Mississippi. Farbige US-Bürger protestieren gegen die Verhaftung von Geistlichen, die gestern in einer »Kirche für Weiße« einen Gottesdienst abhalten wollten. Seit Monaten toben in den USA Rassenunruhen. Die farbige Bevölkerung verlangt das Ende der Diskriminierungen.

Wetter

Sehr kalt bleibt es im März 1964 mit einem Monatsdurchschnitt von nur 0,4 °C. Dabei scheint die Sonne 119 Stunden.

1965

Dienstag 30. März

Politik

Mit einem Bombenanschlag auf die US-Botschaft in Saigon beantworten die Vietcong die Fliegerangriffe der USA auf Nordvietnam. Seit 1964 mischen die USA im Vietnamkrieg zwischen dem kommunistischen Norden und dem Regime im Süden militärisch mit. Die USA unterstützen Südvietnam, um den Kommunismus im asiatischen Raum zurückzudrängen. Seit Februar fliegen sie massive Luftangriffe gegen die Zivilbevölkerung. Als sich die USA 1973 zurückziehen, sind etwa 800 000 Zivilisten getötet worden.

Preise in den 60er Jahren

1 kg Butter	7,58
1 kg Mehl	1,06
1 kg Fleisch	7,91
1 l Vollmilch	0,50
1 Ei	0,21
10 kg Kartoffeln	2,88
1 kg Kaffee	16,61
Stundenlohn	4,15

in DM, Stand 1964

Gesellschaft

Mit einer Geste der Resignation protestieren Frankreichs Kinobetreiber auf die hohe Besteuerung der Filmproduktionen. Sie lassen ihr Publikum für einen Tag ganz ohne Eintritt ins Kino.

Wetter

Wenig frühlingshaft gibt sich der März in diesem Jahr. Bei durchschnittlich 2,3 °C fällt mit 61 mm doppelt soviel Regen, wie der langjährige Mittelwert für diesen Monat erwarten läßt.

1966

Mittwoch 30. März

Gesellschaft

Die »Multikulti-Gesellschaft« soll Zuwachs erhalten. Deutsche Arbeitgeber plädieren nachdrücklich für mehr ausländische Arbeitskräfte, um den Bedarf in der boomenden Wirtschaft zu decken. Die Unternehmer kritisieren gleichzeitig die mangelnde Eingliederung der 1,2 Millionen »Gastarbeiter«. Seit fast zehn Jahren helfen vor allem Italiener, Jugoslawen, Griechen und Spanier der deutschen Wirtschaft an die Weltspitze. Bis 1980 verdoppelt sich ihre Zahl fast. Vielen Bundesdeutschen bleiben die Ausländer allerdings ein Dorn im Auge. Berührungsängste mit fremden Sitten und Kulturen bestimmen das Verhältnis.

Gesellschaft

Immer mehr Frauen drängen ins Berufsleben. Die Gewerkschaften der BRD melden eine Steigerung um 14,3 % auf 9,7 Millionen. Damit sind fast ein Drittel aller Erwerbstätigen Frauen. Nach wie vor verdienen sie aber für gleichwertige Tätigkeit weniger Lohn als ihre männlichen Kollegen.

Wetter

Feucht gestaltet sich der Frühlingsstart im März 1966. Mit 87 mm liegt die Niederschlagsmenge wesentlich höher als im langjährigen Mittel (31 mm).

1967

Donnerstag 30. März

Politik

Der Malteser-Hilfsdienst kommt der notleidenden Bevölkerung Südvietnams zu Hilfe. Ein deutsch-vietnamesisches Abkommen regelt die humanitäre Hilfe. 1964 eskalierten die Kämpfe des kommunistischen Nordvietnams und der Befreiungsbewegung Vietcong gegen das Regime im Süden zu einem offenen Krieg. Die USA unterstützen Südvietnam seither durch massive Militäreinsätze. Die USA müssen sich 1973 geschlagen zurückziehen. 1975 kapituliert Südvietnam, das Land wird unter kommunistischem Vorzeichen wiedervereinigt.

Politik

In schwindelnde Höhen wächst der bundesdeutsche Butterberg. Die 45 000. Tonne wird heute in die Vorratshäuser befördert. Schuld ist die EG-Agrarpolitik. Seit der Festlegung einheitlicher EG-Preise verlassen sich die Landwirte auf die garantierten Abnahmepreise und produzieren vor allem Milchprodukte und Getreide am Bedarf vorbei.

Wetter

Die berühmten Tiefausläufer vom Atlantik bescheren einen mit 6,3 °C zwar warmen, aber auch wolkenreichen März 1967. Neben 136 Sonnenscheinstunden fallen dabei 36 mm Niederschlag an.

1968

Samstag 30. März

Politik

Der Hardliner Novotný muß sein Amt als tschechoslowakischer Staatspräsident aufgeben. Der gemäßigte Ludvík Svoboda wird sein Nachfolger. Damit setzen sich die Reformer durch, die mehr Demokratie in dem kommunistischen Ostblockstaat fordern. Schon im Januar übernahm der Reformer Dubček die Partei. Er läutet den »Prager Frühling« ein, den allerdings Truppen der Sowjetunion und mehrerer Ostblockstaaten schon im August 1968 blutig beenden.

»Mini« heißt das Schlagwort der 60er – hier in Form eines Strickkleides

Politik

Großzügig zeigt sich die Volksrepublik China. Sie übernimmt den Bau einer Eisenbahnstrecke vom südostafrikanischen Staat Sambia bis an den Indischen Ozean. Die westlichen Staaten verweigerten die Unterstützung. China will durch den Bau sein internationales Image aufbessern.

Wetter

Frühlingshafte 5 °C vertreiben im März 1968 die Gedanken an den Winter.

1969

Sonntag 30. März

Kultur

Mit einer neuen Überraschung wartet der deutsche Regisseur Peter Stein auf, der in Bremen das Goethe-Stück »Torquato Tasso« präsentiert. Die aufwendige und überladene Inszenierung bietet den Kritikern Zündstoff. Während die einen in der Aufführung eine boshafte Karikatur des klassischen Theaters sehen, bewerten sie andere als herausragendes Theaterereignis. Erst kürzlich sorgten Stein und der Autor Peter Weiss für Aufsehen mit dem politischen Stück »Viet-Nam-Diskurs«.

Gesellschaft

Die beliebteste aller deutschen Großstädte ist München. Die Stadtväter der bayerischen Metropole verkünden, daß die Zahl der Einwohner innerhalb eines Jahres um 3,3 % auf 1,3 Millionen gestiegen ist. Die anderen Großstädte verzeichnen dagegen nur minimalen Zuwachs.

Wetter

Der Winter beherrscht den März 1969. Temperaturen um den Gefrierpunkt und Niederschläge von 51 mm lassen Frühlingsgefühle nicht so recht aufkommen.

Kurzer Mantel mit Schlaghose: Auch in die Männermode kommt Bewegung

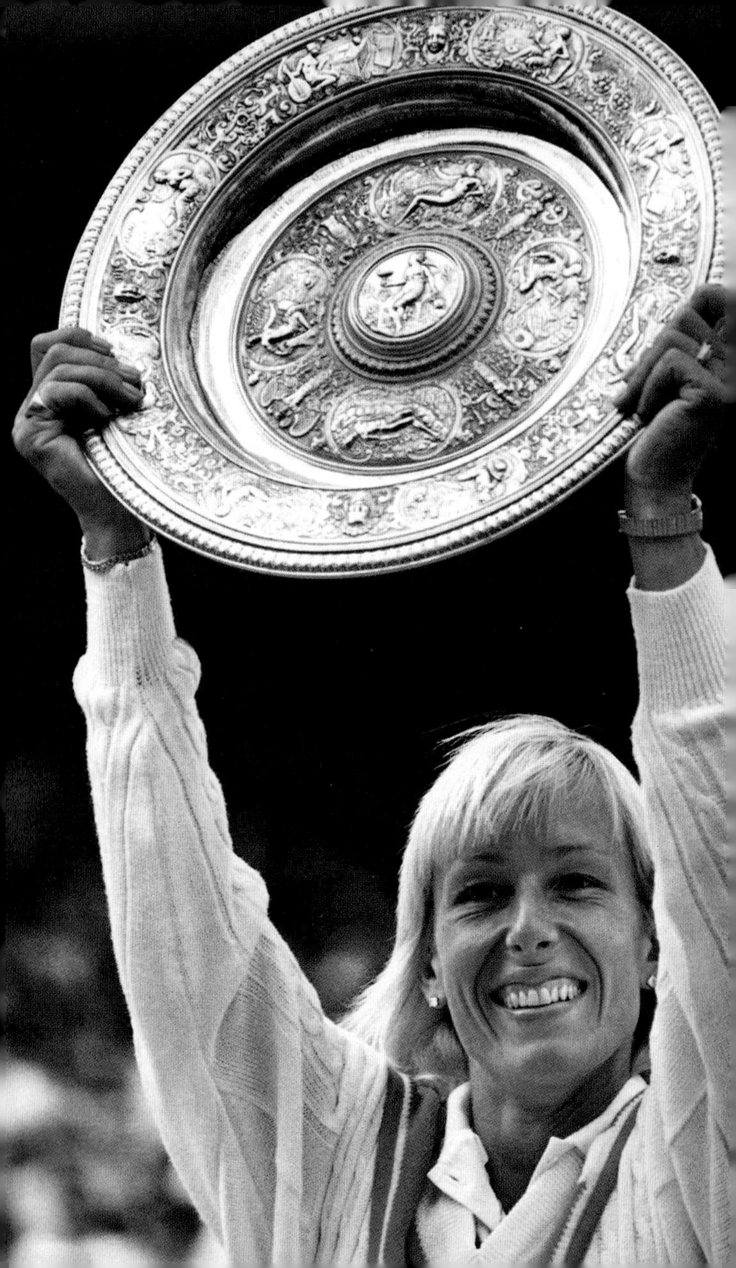

1970–1979

Highlights des Jahrzehnts

1970
- Neue deutsche Ostpolitik: Moskauer und Warschauer Vertrag
- Vietnamkrieg weitet sich auf Kambodscha aus
- Einstellung des Contergan-Prozesses

1971
- Einführung des Frauenwahlrechts in der Schweiz
- Friedensnobelpreis für Willy Brandt
- Hot pants – Modeschlager der Saison
- Kinohit »Love Story« rührt Millionen Zuschauer zu Tränen

1972
- Unterzeichnung des Rüstungskontrollabkommens SALT I
- Verhaftung von Baader-Meinhof-Terroristen
- Überfall palästinensischer Terroristen auf die israelische Mannschaft bei den Olympischen Spielen in München
- Unterzeichnung des Grundvertrages zwischen Bundesrepublik und DDR

1973
- Aufnahme beider deutscher Staaten in die UNO
- USA ziehen ihre Truppen aus Vietnam zurück
- Jom-Kippur-Krieg in Nahost
- Ölkrise: Sonntagsfahrverbot auf bundesdeutschen Straßen

1974
- Guillaume-Affäre stürzt Willy Brandt, neuer Bundeskanzler wird Helmut Schmidt
- Watergate-Affäre zwingt US-Präsident Nixon zum Rücktritt
- Deutschland wird Fußballweltmeister
- »Nelkenrevolution« in Portugal

1975
- Beginn des Bürgerkriegs im Libanon
- Unterzeichnung der KSZE-Schlußakte in Helsinki
- Spanien: Tod Francos und demokratische Reformen unter König Juan Carlos I.
- Einweihung des 3 km langen Elbtunnels in Hamburg
- Volljährigkeit von 21 auf 18 Jahre herabgesetzt

1976
- Umweltkatastrophe in Seveso
- Anschnallpflicht für Autofahrer
- Traumhochzeit des Jahres: Karl XVI. Gustav von Schweden heiratet die Deutsche Silvia Sommerlath

1977
- Entführung und Ermordung des Arbeitgeberpräsidenten Hanns Martin Schleyer
- Emanzipationswelle: Frauenzeitschrift »Emma« erscheint

1978
- Friedensverhandlungen zwischen Israel und Ägypten in Camp David
- In England kommt das erste Retortenbaby zur Welt

1979
- Überfall der Sowjetunion auf Afghanistan
- Schiitenführer Khomeini proklamiert im Iran die Islamische Republik
- Sandinistische Revolution beendet Somoza-Diktatur in Nicaragua

◀ **Martina Navratilova gewinnt neunmal in Wimbledon, zuerst 1978**

1970

Ostermontag 30. März

Sport

Ihrem Image als einsame Spitze des Eishockeys wird die sowjetische Mannschaft in Stockholm gerecht. Sie trägt zum zehnten Mal den Weltmeistertitel nach Hause. In diesem Jahr stehen die sowjetischen Spieler zum achten Mal in Folge auf dem Siegertreppchen. Auf Platz zwei landet die schwedische Mannschaft, die auf heimischem Boden unerwartet gute Leistungen zeigte. 1972 wird die sowjetische Mannschaft in Prag vom Team der Tschechoslowakei entthront.

Politik

Die Gipfelkonferenz der Weltreligionen beginnt in Genf. Aus allen Teilen der Welt reisen Christen, Buddhisten, Hindus, Juden und Moslems an, um den Dialog zu eröffnen. Fünf Tage lang diskutieren die Delegierten über die Erscheinungsformen der Religionen und ihre Inhalte, über Religionskonflikte und ihre Lösung und über die weltweite Durchsetzung der Glaubensfreiheit.

Wetter

Unangenehm naß und kalt verläuft der März 1970. 70 mm Niederschlag (Mittelwert 31 mm) bei nur 127 Sonnenstunden (Mittelwert 151) drücken die Stimmung – und die Temperatur auf 1,4 °C.

1971

Dienstag 30. März

Gesellschaft

Die grausamen Mörder der amerikanischen Filmschauspielerin Sharon Tate werden in Los Angeles zum Tode verurteilt. Im August 1969 überfielen vier fanatische »Teufelsanbeter« die Villa des Regisseurs Roman Polanski und brachten seine Verlobte Sharon Tate und vier Gäste um. Als Motiv nennt der fanatische Sektenführer Manson persönliche Rachsucht. Die Todesurteile werden 1972 in lebenslange Haftstrafen umgewandelt.

Politik

Ein Sofortprogramm für die soziale Integration ausländischer Arbeitnehmer veröffentlicht die Landesregierung in Hessen. Sie reagiert auf die wachsende Ausländerfeindlichkeit gegenüber den 1,8 Millionen »Gastarbeitern« und ihren Familien. Seit 1956 wirbt die Bundesregierung um ausländische Arbeitnehmer.

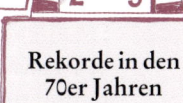

Rekorde in den 70er Jahren

100 m: Marlies Göhr (GDR) – 10,88 sec (1977)
Hochsprung: Rosemarie Ackermann (GDR) – 2,00 m (1977)
Weitsprung: Vilma Bardauskiene (URS) – 7,09 m (1978)
800 m: S. Coe (GBR) – 1:42,4 min (1979)

Wetter

Wie im Vorjahr verweigert auch der März 1971 den Frühlingsbeginn mit zu kühlen 2,2 °C. Die Sonne kommt nur für 128 Stunden heraus.

1972

Donnerstag 30. März

Kultur

Das Bauhaus-Archiv eröffnet seine erste Ausstellung in Westberlin. Gezeigt werden Werke des Künstlers Moholy-Nagy, der in den 20er Jahren an der damals tonangebenden Schule für Kunst, Design und Architektur lehrte. Das Archiv war zunächst in Darmstadt untergebracht. Kürzlich zog es nach Berlin um, wo die Bauhaus-Schule 1933 von den Nazis geschlossen worden war. Ihre Idee, klare, funktionelle Formen mit künstlerischer Gestaltung zu verbinden, stieß die Nationalsozialisten mit ihrer Liebe zu äußerem Prunk ab.

Politik

Der Vietnamkrieg spitzt sich zu. Nordvietnamesische Truppen besetzen militärische Stützpunkte der Südvietnamesen. Die USA, die Südvietnam im Kampf gegen den kommunistischen Norden unterstützen, nehmen ihre Luftangriffe wieder auf. Weltweit protestieren Hunderttausende gegen die Verschärfung der US-Militäreinsätze. 1973 ziehen sich die USA endgültig zurück.

Wetter

Einen langen, kräftigen Winter beendet der März 1972. Das Quecksilber klettert unter dem Einfluß von 154 Sonnenscheinstunden auf 5,9 °C.

1973

Freitag 30. März

Kultur

Der komponierende Jurist Rolf Liebermann übernimmt die Leitung des Pariser Théâtre Louis XV. Der Schweizer stellt sich seinem Publikum mit einer Inszenierung der Mozart-Oper »Figaro« vor. Der Neffe des bekannten Berliner Malers Max Liebermann bringt neuen Schwung in das altehrwürdige Theater. Seine Lieblingswerke liegen zwischen Neuer Musik und modernem Musiktheater. Der studierte Jurist erregte bereits als Intendant des Hamburger Staatstheaters Aufsehen mit seinen Inszenierungen.

Stars der 70er Jahre

Robert de Niro
Filmschauspieler
Jane Fonda
Filmschauspielerin
Woody Allen
Filmregisseur
Steven Spielberg
Filmregisseur
Muhammad Ali
Boxer

Politik

Schützenhilfe vom kleinen Malaysia erhält Nordvietnam. Als erster nicht kommunistischer Staat erkennt es dessen kommunistische Regierung an. Nach neun Jahren Krieg zwischen Nord- und Südvietnam bahnt sich der Sieg des Nordens an. 1975 kapituliert Südvietnam endgültig.

Wetter

Warm und sehr naß präsentiert sich der März 1973 mit einem Temperaturschnitt von 5,6 °C.

1974

Samstag 30. März

Politik

Die linke Labor Party in Westaustralien hat ausgedient. Die Liberal-Konservativen gewinnen die Landeswahlen und übernehmen die Regierung. Schuld ist die schwere Wirtschaftskrise des Landes. Die weltweite Rezession nach der Ölkrise von 1973, die rasant fortschreitende Geldentwertung und hohe Arbeitslosenzahlen kosteten Labor viele Sympathien. Auch auf Bundesebene müssen die Linken abtreten: 1975 gibt Gough Withlam sein Amt als Premierminister an Malcolm Fraser ab, der von einem liberal-konservativen Parteienbündnis gestützt wird.

Politik

Im letzten Jahr seiner Herrschaft versucht der spanische Diktator Franco, die Arbeiter für sich zu gewinnen. Er ordnet Lohnerhöhungen um 1,70 DM pro Stunde auf 10,10 DM an. 1975 stirbt Franco nach 36jähriger Regentschaft. Unter König Juan Carlos I. findet das Land zurück zur Demokratie.

Wetter

Einen herrlichen Vorfrühling bringt der März 1974. 173 Sonnenstunden treiben die Temperaturen auf einen Monatsschnitt von 6,3 °C. Mit 12 mm Niederschlag fällt nur ein Drittel des Standards.

1975

Ostersonntag 30. März

Politik

Frankreichs Regisseure beklagen sich über das neue Gesetz zur Abschaffung der Filmzensur. Sie richten sich an Präsident Giscard d'Estaing, der sich Anfang März für die Reform stark gemacht hat. Die Filmkünstler sehen das Gesetz durch eine Zusatzklausel entwertet. Sie erlaubt weiterhin Aufführungsverbote, wenn ein Film »die Menschenrechte verletzt oder zur Verletzung der Grundrechte auffordert«. Damit ist die erhoffte Liberalisierung der Filmzensur dahin. D'Estaing lehnt die Änderung des Gesetzes ab.

Gesellschaft

Der Run auf die Universitäten ist in der DDR vorbei. Die Rektoren melden einen Rückgang der Studentenzahlen. Bis zum Jahresende sitzen nur noch rund 137 000 in den Hörsälen, 5,8 % weniger als 1975.

Wetter

Wenig spektakulär verläuft der März 1975. Mit 4,4 °C ist es um 0,5 Grad wärmer als normalerweise, obwohl nur 131 Sonnenstunden (Mittelwert 151) registriert werden.

Preise in den 70er Jahren

1 kg Butter	8,36
1 kg Mehl	1,16
1 kg Fleisch	10,15
1 l Vollmilch	1,06
1 Ei	0,22
10 kg Kartoffeln	6,44
1 kg Zucker	1,65
Stundenlohn	10,40

in DM, Stand 1975

1976

Dienstag 30. März

Politik

Schützenhilfe aus Libyen erhält die linksgerichtete Regierung in Angola. Die beiden afrikanischen Staaten schließen ein Abkommen über wirtschaftliche und technische Zusammenarbeit. In Libyen herrscht seit 1969 der Sozialist Muammar al Gaddhafi. Er unterstützt mit dem Abkommen die linksgerichtete Befreiungsbewegung MPLA. Sie setzte sich nach der Befreiung Angolas von portugiesischer Kolonialherrschaft Ende 1975 an die Staatsspitze. Unter Präsident Agostino Neto wurde die Volksrepublik Angola ausgerufen.

Kultur

Für ihre herausragende Leistung in Milos Formans Film »Einer flog über das Kuckucksnest« werden die Schauspieler Jack Nicholson und Louise Fletcher in Los Angeles mit Oscars ausgezeichnet. Der Film nach einem Roman von Ken Kesey erzählt vom Schicksal psychisch Kranker.

Wetter

Viele wolkenverhangene Tage trüben im März 1976 die Stimmung. Mit 116 Sonnenstunden liegt der Monat fast ein Drittel unter dem Durchschnitt. Das Thermometer bleibt bei 1,3 °C stehen; der langjährige Mittelwert liegt bei 3,9 °C.

1977

Mittwoch 30. März

Politik

Von den letzten Resten der Diktatur befreit sich Spanien. In Madrid billigt das Parlament die Zulassung unabhängiger Gewerkschaften. 1975 verstarb nach 36jähriger Herrschaft Diktator Franco. Als Nachfolger hatte er sich schon seit Jahren den Enkel des früheren spanischen Königs, Juan Carlos, herangezogen. Der entpuppte sich jedoch als Sympathisant der Demokratie und zog einen Schlußstrich unter die Diktatur. Im Juni dürfen die Spanier wieder frei wählen. Sie entscheiden sich für die Demokraten unter Gonzáles.

> Die Stadtväter der nordrhein-westfälischen Landeshauptstadt Düsseldorf sorgen sich; sie sprechen von einer »Auswanderungswelle«. Die Einwohnerzahl sank in einem Jahr um 7,1% auf 612 000.

Sport

Die deutschen Tischtennis-Asse belegen in Birmingham den fünften Platz bei den Tischtennis-Weltmeisterschaften. Seit acht Jahren erreichte kein bundesdeutsches Team ein besseres Ergebnis.

Wetter

Mit 81 Sonnenstunden bietet der März gerade die Hälfte des langjährigen Mittels. Trotz der 6,5 °C wird die Witterung wegen der häufigen Niederschläge (59 mm) als kalt empfunden.

1978

Donnerstag 30. März

🌐 Politik

Als erster westlicher Regierungschef besucht Österreichs Kanzler Kreisky die DDR. Das SED-Regime erhofft sich durch den Besuch eine Aufwertung auf dem internationalen Parkett. Seit Beginn der 70er Jahre entspannt sich das Verhältnis zum Westen. Die SPD/FDP-Regierung zog 1969 einen Schlußstrich unter die »Politik der Ignoranz« der CDU. Diese weigerte sich, die DDR anzuerkennen und trat als Vertreterin aller Deutschen auf. Kanzler Brandt (SPD) vollzog 1972 mit der Anerkennung der DDR die Kehrtwende.

Ausgestellte Hosen und viel Schmuck trägt die moderne Frau in den 70er Jahren

🌐 Politik

Mehr Geld fürs Öl verlangen die erdölexportierenden Länder. Um 10 % gehen sie mit den Preisen hoch und begründen diese Maßnahme mit den sinkenden Einnahmen durch den Verfall des US-Dollars.

⛅ Wetter

Viel Regen gibt es im März 1978. 62 mm Niederschläge sorgen für reichlich Feuchtigkeit in der durchschnittlich 5,7 °C warmen Luft.

1979

Freitag 30. März

Sport

Opfer eines tragischen Unfalls wird der deutsche Handball-Nationalspieler Joachim Deckarm. Beim Halbfinale im Hallenhandball-Europapokal stürzt er und schlägt mit dem Kopf auf eine Betonplatte neben dem Spielfeld auf. Er erleidet eine schwere Gehirnquetschung und fällt ins Koma. Erst 131 Tage später erlangt er das Bewußtsein zurück. Deckarm bleibt auch noch nach dreijähriger Therapie weitgehend bewegungsunfähig.

Politik

Die »Islamische Revolution« des Fundamentalisten Ajatollah Khomeini wird in einer manipulierten Volksabstimmung von 99,3 % der Iraner begrüßt. Khomeini ergriff 1979 mit äußerster Brutalität die Macht, nachdem der westlich orientierte Schah Resa Pahlawi das Land verlassen hatte.

Voll im Zeitgeschmack: Der Midimantel mit aufgesetzten Taschen für kalte Winter

Wetter

Der harte Winter 78/79 will noch nicht so recht ausklingen. Der März 1979 ist mit 3,3 °C etwas zu kalt und bleibt mit 89 Sonnenstunden 40% unter dem langjährigen Mittel.

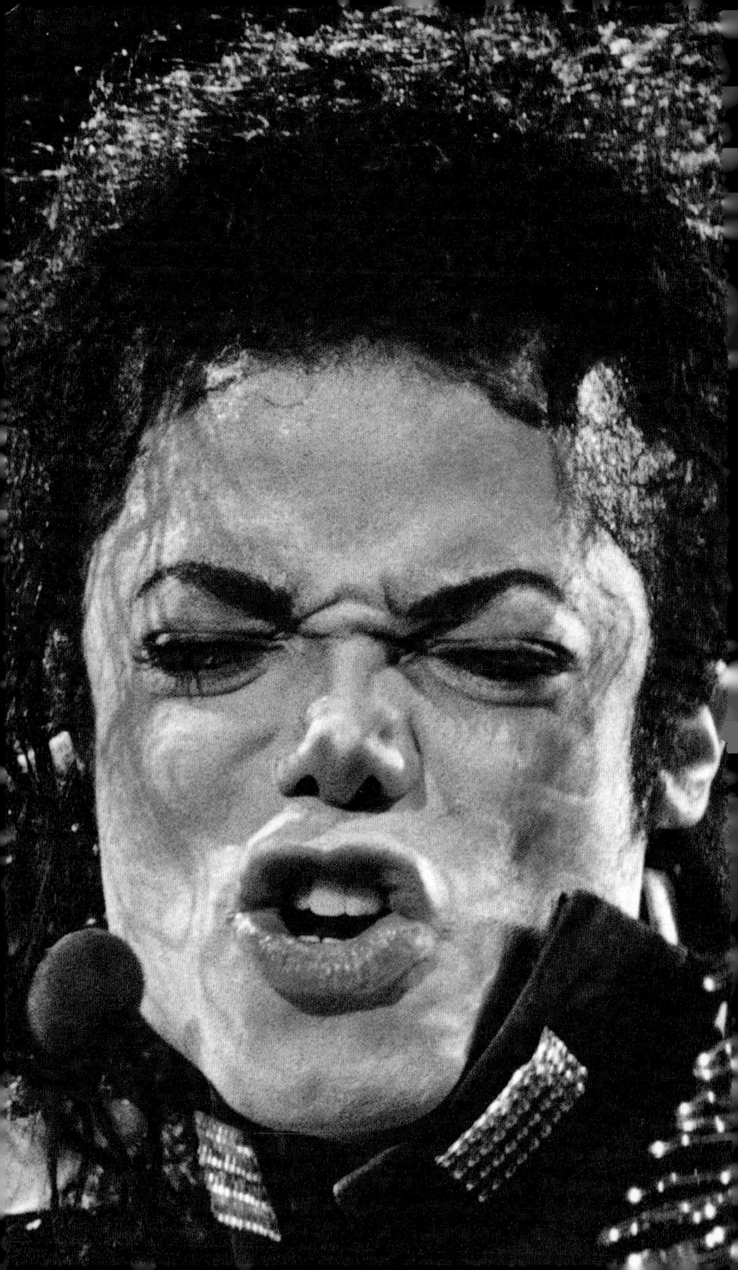

1980–1989

Highlights des Jahrzehnts

1980
- Golfkrieg zwischen Iran und Irak
- Gründung einer neuen Bundespartei: »Die Grünen«
- Bildung der polnischen Gewerkschaft »Solidarność«

1981
- Attentate auf US-Präsident Ronald Reagan, den Papst und Ägyptens Staatschef Anwar As Sadat
- Erster Start der wiederverwendbaren Raumfähre »Columbia«
- In den USA werden die ersten Fälle von AIDS bekannt
- Hochzeit des Jahres: Der britische Thronfolger Charles, Prince of Wales, heiratet Lady Diana

1982
- Krieg um die Falkland-Inseln
- Sozialliberale Koalition bricht auseinander; Helmut Kohl wird neuer Bundeskanzler
- Selbstjustiz vor Gericht: der »Fall Bachmeier«
- »E. T. – der Außerirdische« wird zum Kinohit

1983
- US-Invasion auf Grenada
- Skandal um gefälschte Hitler-Tagebücher
- Aerobic wird in der Bundesrepublik populär

1984
- Richard von Weizsäcker wird Bundespräsident
- Ermordung von Indiens Ministerpräsidentin Indira Gandhi, Nachfolger wird ihr Sohn Rajiv Gandhi

1985
- Michail Gorbatschow wird neuer Kremlchef
- Sensation: Boris Becker siegt als erster Deutscher in Wimbledon
- »Live-Aid-Concert« für Afrika

1986
- Attentat auf Schwedens Ministerpräsident Olof Palme
- Katastrophe im Kernkraftwerk Tschernobyl
- Explosion der US-Raumfähre »Challenger«
- Premiere des Musicals »Cats« in Hamburg

1987
- Widerstand gegen Volkszählung
- Barschel-Affäre in Kiel
- Matthias Rust landet mit einem Sportflugzeug auf dem Roten Platz in Moskau

1988
- Atommüllskandal in Hessen
- Ende des Golfkriegs
- Geiseldrama von Gladbeck als Medienspektakel
- Dopingskandal überschattet Olympische Spiele in Seoul
- Reagan und Gorbatschow vereinbaren Verschrottung atomarer Mittelstreckenraketen

1989
- Die DDR öffnet ihre Grenzen
- Blutbad auf dem Platz des Himmlischen Friedens in Peking
- Demokratisierungskurs im gesamten Ostblock
- »Exxon Valdez«: Ölpest vor Alaska

◀ Der »Thriller« der 80er: Michael Jackson ist der Megastar der Rockmusik

1980

Sonntag 30. März

🌐 Politik

»Mit Besorgnis« nimmt die sowjetische Regierung zur Kenntnis, daß die USA türkische Militärbasen besetzen wird. Gestern schlossen beide Staaten ein Verteidigungsabkommen. Der NATO-Partner Türkei ist für die USA von großer Bedeutung, denn das Land grenzt an die Sowjetunion. Noch vor wenigen Jahren bröckelte die »NATO-Front« in der Türkei kräftig, als die USA 1975 ein Waffenembargo verhängten. Sie protestierten damit gegen die türkische Besetzung Zyperns im Konflikt mit Griechenland.

Preise in den 80er Jahren

1 kg Butter	9,44
1 kg Mehl	1,36
1 kg Fleisch	11,83
1 l Vollmilch	1,22
1 Ei	0,26
10 kg Kartoffeln	8,84
1 kg Zucker	1,94
Stundenlohn	17,23

in DM, Stand 1985

🌐 Politik

Nach elfjähriger Amtszeit stirbt der vietnamesische Staatspräsident Ton Duc Thang im Alter von 96 Jahren. Sein Nachfolger Nguyen Huu Tho setzt die Unterdrückungspolitik in der kommunistischen Volksrepublik fort.

☀️ Wetter

Verhangen und kühl gibt sich der März 1980. Bei durchschnittlich 2,6 °C bleibt das Quecksilber 1,3 Grad unter dem langjährigen Mittelwert.

1981

Montag 30. März

Gesellschaft

Opfer eines Attentats wird US-Präsident Ronald Reagan. 70 Tage nach seinem Amtsantritt reist er nach Washington, um vor Gewerkschaftsführern zu sprechen. Beim Verlassen seines Hotels feuert der Attentäter sechs Schüsse auf den Präsidenten ab, der lebensgefährlich verletzt wird. Der 26jährige Täter wird sofort festgenommen. Er ist psychisch labil und gibt an, er habe mit seiner Tat der Schauspielerin Jody Foster imponieren wollen. Reagan wird operiert und ist nach einigen Tagen außer Lebensgefahr. Er ist seit 1865 der vierte US-Präsident, der einem Attentat zum Opfer fällt.

Politik

Noch einen harten Schlag müssen die Amerikaner heute hinnehmen. Die Presse berichtet über Brandanschläge auf US-Einrichtungen in der BRD. Sie richten sich gegen den NATO-Doppelbeschluß von Ende 1979, der ein neues Kapitel in Sachen Wettrüsten eröffnet.

Wetter

Warm, aber auch sehr feucht ist es im März 1981. Mit 6,9 °C liegen die Temperaturen im Schnitt drei Grad über dem langjährigen Mittel. 117 mm Regen bringen dreimal soviel Nässe wie gewohnt.

1982

Dienstag 30. März

Politik

Mit der größten Kundgebung seit der Machtübernahme der Militärs protestieren tausende Argentinier gegen die Diktatur. 1978 stürzten Militärs Präsidentin Perón, die 1974 das Erbe ihres Mannes Juan Domingo Perón angetreten hatte. Sie führte die Politik Peróns weiter, der von 1943 bis 1955 und 1973/74 diktatorisch regierte. Er verfolgte eine arbeiterfreundliche aber ruinöse Reformpolitik. Die Wirtschaftskrise gab den Militärs den Anlaß zum Putsch. Sie unterdrücken die politische Mitbestimmung, ändern an der Wirtschaftskrise jedoch wenig. Ihre Herrschaft endet 1983. Mit Raúl Alfonsín tritt ein demokratisch gewählter Präsident an.

Politik

Rettung für die verarmten Staaten Zentralamerikas verspricht die Europäische Gemeinschaft. Deren Mitglieder vereinbaren Hilfsmaßnahmen, um die wirtschaftlichen und sozialen Probleme der Staaten lösen zu helfen.

Wetter

Normal präsentiert sich der März 1982. 32 mm Niederschlag und 164 Sonnenscheinstunden liegen in der Nähe des langjährigen Mittelwerts, der mit 5,2 °C allerdings um 1,3 Grad überschritten wird.

1983

Mittwoch 30. März

Politik

Die neue Mannschaft unter Helmut Kohl (CDU) wird in Bonn von Bundespräsident Carstens vereidigt. Gestern wählte der Bundestag den CDU-Vorsitzenden Kohl zum Kanzler. Dieses Amt hatte er bereits seit Oktober 1982 inne, als sein Vorgänger Helmut Schmidt (SPD) durch ein Mißtrauensvotum gestürzt worden war. Die FDP hatte als Koalitionspartner von der SPD zur CDU gewechselt. Anfang März bestätigte die bundesdeutsche Wählerschaft den Regierungswechsel.

Politik

Eine spektakuläre Flucht sorgt in beiden deutschen Staaten für Aufsehen. Zwei Männer gelangen an einem Stahlseil nach Westberlin. Sie haben Glück gehabt. Von 1961 bis zum Fall der Mauer 1989 werden etwa 200 DDR-Bürger bei Fluchtversuchen erschossen.

Rekorde in den 80er Jahren

1500 m: S. Aouita (MAR) – 3:29,46 min (1985)
Stabhochsprung: Sergej Bubka (URS) – 6,00 m (1985)
100 m: Florence Griffith (USA) – 10,49 sec (1988)
Hochsprung: Javier Sotomayor (CUB) – 2,44 m (1989)

Wetter

Feuchtes Wetter bringt der März 1983. Mit 5,4 °C liegt die Durchschnittstemperatur über dem langjährigen Mittel (3,9 °C).

1984

Freitag 30. März

Politik

Der »Tankerkrieg« bricht im Persischen Golf aus. Iran und Irak beginnen mit Angriffen auf Erdöltanker. Seit 1980 stehen sich die beiden Staaten im ersten Golfkrieg gegenüber. Anlaß zum Krieg gaben Grenzstreitigkeiten. Hintergrund ist aber das Großmachtstreben des Irak unter der Führung Saddam Husseins. Er nutzte die Schwächung des Iran durch die sog. Islamische Revolution unter Ajatollah Khomeini aus und griff den Iran an. Der Krieg endet 1988 in einem Waffenstillstand. Schon 1990 bricht Saddam aber den zweiten Golfkrieg vom Zaun.

Gesellschaft

Der Trend zur Scheidung hält an. Eine heute veröffentlichte Statistik verzeichnet 121 475 entzweite Ehen 1983. In diesem Jahr steigt die Zahl um 8,3 % auf über 130 000. Seit Beginn der 80er Jahre lösen immer mehr Paare den Bund der Ehe. Experten machen die Massenarbeitslosigkeit verantwortlich, die Paare und Familien belaste.

Wetter

Ein normaler Wetterverlauf kennzeichnet den März 1984. Mit 2,9 °C ist es aber ein Grad kühler als üblich – trotz der 158 Sonnenscheinstunden.

1985

Samstag 30. März

Kultur

Die Salzburger Festspiele erleben eine Aufführung der »Carmen« von Georges Bizet unter der Leitung von Herbert von Karajan. Sie bleibt jedoch hinter den Erwartungen des verwöhnten Publikums zurück. Der Österreicher Karajan gilt seit Beginn der 50er Jahre als einer der besten Dirigenten des 20. Jahrhunderts. 1954 übernahm er die Leitung der Berliner Philharmoniker, 1957 wurde er Chefdirigent der Wiener Staatsoper. Seit 1964 gehört er auch zu den Veranstaltern der Festspiele.

Stars der 80er Jahre

Richard Gere
Filmschauspieler
Madonna
Sängerin
Harrison Ford
Filmschauspieler
Jodie Foster
Filmschauspielerin
Michael Jackson
Sänger

Kultur

Über den bevorstehenden Beitritt zur Europäischen Gemeinschaft (EG) berichten die Zeitungen in Spanien und Portugal. Gestern bewilligten die EG-Mitglieder in Brüssel die Erweiterung. Damit wächst die EG auf zwölf Mitglieder an.

Wetter

Enttäuschend wenig Sonne bringt der März 1985. Die 71 Sonnenstunden sind nicht einmal die Hälfte des langjährigen Mittelwertes (151).

1986

Ostersonntag 30. März

Gesellschaft

Vor dem Weingenuß zum Osterfest wird in Rundfunk und Presse gewarnt. Erst vor wenigen Tagen wurde in deutschen Weinen giftiger Methylalkohol gefunden, der bei übermäßigem Genuß tödlich wirkt. Die Untersuchung startete, nachdem in Italien vergiftete Weine entdeckt wurden. Viele Winzer mischten ihre Landweine mit der Chemikalie Methanol, um ihnen einen höheren Alkoholgehalt zu geben und sie haltbarer zu machen. Nach der Aufdeckung wurden die BRD-Behörden mißtrauisch, ordneten eine Untersuchung an und wurden fündig. Ihr Rat: Von Weinen, die billiger sind als Mineralwasser, ist dringend abzuraten.

Politik

Über den »Papst-Prozeß« berichten die Medien. Er ging gestern mit Freispruch mangels Beweisen für drei Bulgaren und zwei Türken zu Ende, die als Hintermänner galten. Im Mai 1982 hatte ein rechtsextremistischer Türke Johannes Paul II. niedergeschossen.

Wetter

58 mm Niederschlag und nur 111 Sonnenstunden im März weichen vom langjährigen Mittel für den Monat ab (31 mm; 151 Sonnenstunden).

1987

Montag 30. März

Kultur

Preise, von denen van Gogh nur träumte, erzielen seine Werke bei einer Kunstauktion in London. Ein japanischer Geschäftsmann kauft seine »Sonnenblumen« für 71,77 Mio. DM. Nie zuvor wurde eine so hohe Summe für ein Gemälde gezahlt. Im November werden die »Schwertlilien« von van Gogh sogar für 89,7 Mio. DM verkauft. Der Wegbereiter des Expressionismus war zu Lebzeiten verkannt. Seine Bilder wurden selten gezeigt und noch seltener gekauft.

> Die Macher von »Ja« aus dem Hause Springer sind frustriert. Ihre neue Billig-Illustrierte ist seit Anfang März »nur« 1,7 millionenmal verkauft worden. Das Blatt für 50 Pfennig erweist sich schon bald als gewaltiger Flop. Schon im Mai gehen nur noch 300 000 Exemplare weg. Im Juni ist es aus mit der angepriesenen »Ja«.

Politik

Nach China brechen Berater der Europäischen Gemeinschaft (EG) auf, um mit der Regierung über eine ständige EG-Vertretung in der kommunistischen Volksrepublik zu beraten.

Wetter

Die Kältewelle des Winters 1987 setzt sich in den März hinein fort. Gerade einmal 0,4 °C weist der Temperaturschnitt des Monats auf. Das langjährige Mittel beträgt 3,9 °C. Dabei ist es mit 26 mm Niederschlag und 153 Stunden Sonne recht trocken.

1988

Mittwoch 30. März

Gesellschaft

Ganz in der Nähe der Atomkraftwerke Isar I und II stürzt ein französisches Militärflugzeug ab. Das Unglück löst heftige Debatten über Sinn und Zweck militärischer Tiefflüge über bundesdeutschem Gebiet aus. Die alliierten Truppen, die seit 1945 in Deutschland stationiert sind, starten regelmäßig Probe- und Übungsflüge. Schon im August ereignet sich der nächste Unfall. Bei einer US-amerikanischen Flugschau-Veranstaltung in Ramstein stürzen drei Düsenjäger ab. 70 Menschen sterben bei dem Unglück.

Sport

Die deutsche Sportpresse verabschiedet sich vom »hübschesten Gesicht des Sozialismus«. Die DDR-Eiskunstläuferin Katarina Witt gab vor einigen Tagen ihren Rückzug vom Leistungssport bekannt.

Auffällig unauffällig: So stellt sich die lässige Frau der 80er ihre Mode zusammen

Wetter

Verregnet und wolkig verweigert der März 1988 den Frühlingsbeginn. Mit 2,9 °C ist es ein Grad kälter als im langjährigen Mittel. 72 mm Niederschlag (31 mm sind normal) trüben die Stimmung.

1989

Donnerstag 30. März

Kultur

Vier Oscars erhält der Film »Rain Man« von Barry Levinson. In dem Road-Movie begibt sich ein ungleiches Brüder-Paar auf die Reise. Der arrogante Yuppie Charlie und sein Bruder Raymond, der als Autist in seiner eigenen isolierten Welt lebt, begegnen sich das erste Mal in ihrem Leben und kommen sich näher. Im Laufe ihrer langen Fahrt wandelt sich Charlie durch seinen Bruder zu einem sensibleren Menschen. Mit dem Oscar für die beste Hauptrolle wird Dustin Hoffman ausgezeichnet, der meisterhaft den autistischen Raymond spielt.

Leger und bequem: Herrenmode im Oversize-Stil mit Jackenmantel

Politik

Eine Umweltkonferenz der lateinamerikanischen und karibischen Staaten beginnt in Brasilia. Sie berät über den Schutz der tropischen Regenwälder und die Einstellung der FCKW-Produktion, durch die das Ozonloch immer weiter wächst.

Wetter

Die Wärmeperiode der Vormonate hält im März 1989 mit Werten um 7,2 °C an.

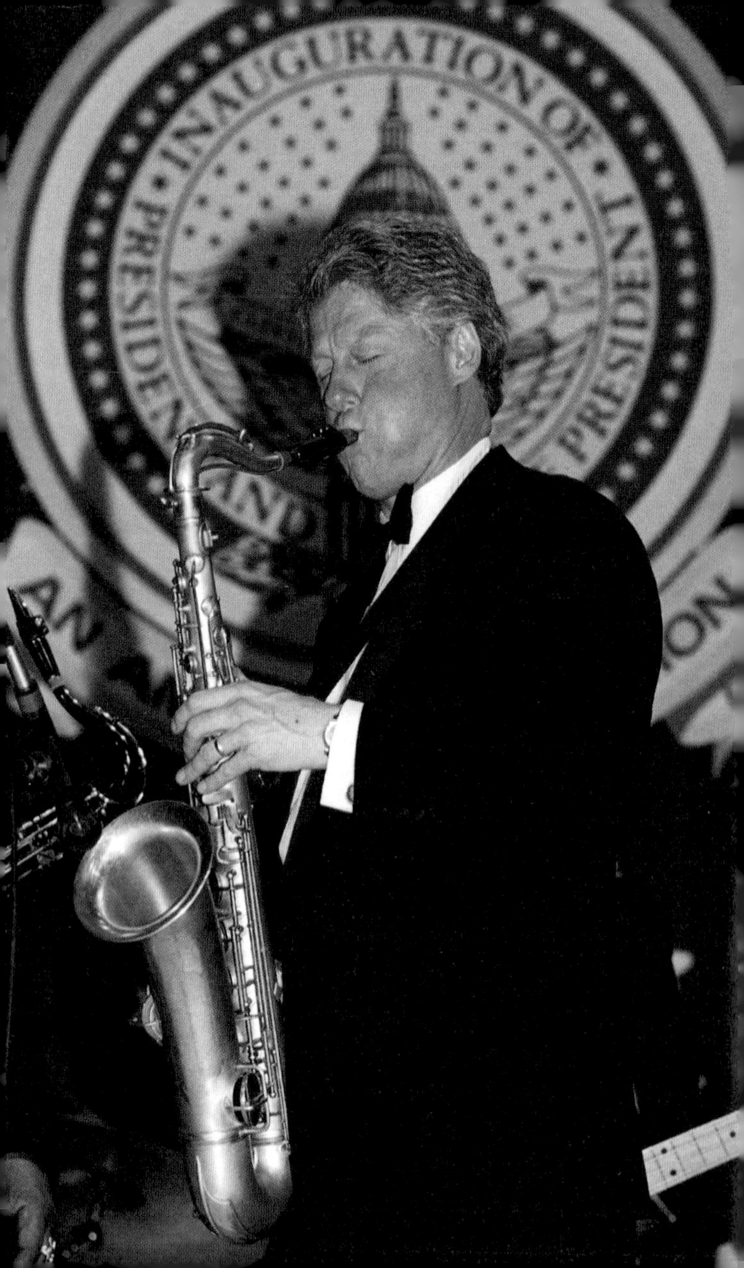
INAUGURATION OF
PRESIDENT

1990-1996

Highlights des Jahrzehnts

1990
- Wiedervereinigung Deutschlands
- Südafrika: Nelson Mandela nach 27jähriger Haft freigelassen
- Irakische Truppen überfallen das Emirat Kuwait
- Gewerkschaftsführer Lech Walesa neuer polnischer Präsident
- Litauen erklärt Unabhängigkeit
- Deutsche Fußballnationalelf zum dritten Mal Weltmeister
- Star-Tenöre Carreras, Domingo und Pavarotti treten gemeinsam auf

1991
- Alliierte befreien Kuwait und beenden Golfkrieg
- Auflösung des Warschauer Pakts
- Bürgerkrieg in Jugoslawien
- Auflösung der Sowjetunion – Gründung der GUS
- Sensationeller archäologischer Fund: »Ötzi«
- Vertrag von Maastricht
- Sieben Oscars für Kevin Costners »Der mit dem Wolf tanzt«
- Bürgerkrieg in Somalia
- Frieden im Libanon

1992
- Abschaffung der Apartheid-Politik in Südafrika
- Entsendung von UNO-Blauhelmsoldaten nach Jugoslawien
- Tod des ehemaligen Bundeskanzlers Willy Brandt
- Bill Clinton zum 42. US-Präsidenten gewählt
- In Hamburg wird mit Maria Jepsen zum ersten Mal eine Frau Bischöfin
- Fertigstellung des Rhein-Main-Donau-Kanals

1993
- Teilung der ČSFR in die Tschechische und die Slowakische Republik
- Rechtsradikale Gewaltakte gegen Ausländer
- Gaza-Jericho-Abkommen zwischen Israel und der PLO
- Skandal um HIV-Blutplasma
- Einführung von fünfstelligen Postleitzahlen im Bundesgebiet
- Sexskandal um Pop-Star Michael Jackson

1994
- Nelson Mandela erster schwarzer Präsident Südafrikas
- Fertigstellung des Eurotunnels unter dem Ärmelkanal
- Über 900 Todesopfer beim Untergang der Fähre »Estonia«
- Abzug der letzten russischen Truppen aus Berlin
- Michael Schumacher erster deutscher Formel-1-Weltmeister

1995
- Weltweite Proteste gegen französische Atomversuche im Pazifik
- Giftgasanschlag in Tokio
- Einführung von Pflegeversicherung und Solidaritätszuschlag
- Verpackungskünstler Christo verhüllt den Berliner Reichstag
- Ermordung des israelischen Regierungschefs Yitzhak Rabin
- Friedensvertrag für Bosnien

1996
- Arafat gewinnt Wahlen in Palästina
- IRA kündigt Waffenstillstand auf
- 100 Jahre Olympia: Jubiläumsspiele der Superlative in Atlanta

◀ Der Präsident spielt Saxophon: Bill Clinton feiert 1993 die Amtseinführung

1990

Freitag 30. März

Politik

Der Kämpfer für einen »menschlichen Sozialismus« Wolfgang Harich wird vom Obersten Gericht der DDR rehabilitiert. Der marxistische Theoretiker stellte sich in den 50er Jahren gegen das SED-Regime und forderte die Verwirklichung eines Reformkommunismus. Er gründete eine Gruppe von Oppositionellen, die innerhalb der Partei versuchten, die Kehrtwende der diktatorischen Machtpolitik herbeizuführen. 1957 wurde Harich zu zehn Jahren Zuchthaus verurteilt. 1964 kam er vorzeitig frei. Seine Rehabilitation wurde nach dem Sturz des SED-Unrechtsregimes 1989 möglich.

Politik

Deutsche Transportunternehmer richten scharfe Proteste an die Bundesregierung. Sie hat gestern eine Schwertransportabgabe für LKW über 18 t beschlossen, um eine Verlagerung des Güterverkehrs auf Schiene und Schiffe zu erreichen. Die Firmen sehen darin einen »staatlichen Boykott«.

Wetter

Weniger Sonne als gewöhnlich bietet der März in diesem Jahr mit seinen 115 Stunden Sonnenschein. Trotzdem steigen die Monatstemperaturen auf 7,9 °C – das sind vier Grad mehr als üblich.

1991

Samstag 30. März

Politik

Eine kurze Ruhepause ist den vom Bürgerkrieg gepeinigten Menschen im ostafrikanischen Ruanda vergönnt. Die verfeindeten Stämme der Hutu und Tutsi schließen einen Waffenstillstand. Der Krieg brach 1990 aus, als Truppen der Tutsi in das Land eindrangen. Die Tutsi bildeten bis 1959 die Oberschicht in Ruanda. In blutigen Kämpfen wurden sie von den Hutu vertrieben. Seither versuchen sie, ihre alte Machtposition zurückzugewinnen. Schon 1963 schlugen die Hutu einen Angriff der Tutsi zurück. Der Waffenstillstand ist nicht von Dauer. Die Kämpfe halten noch Jahre an.

Gesellschaft

Die Lehrer Großbritanniens protestieren gegen Pläne der Regierung, alle Siebenjährigen einem Test zu unterziehen. Er soll die Fehler der Pädagogen ans Tageslicht bringen.

Wetter

Nach einem milden Winter bringt der März 1991 rasch den Frühling. Der Temperaturdurchschnitt von 6,9 °C liegt drei Grad über dem langjährigen Mittel.

Preise in den 90er Jahren

1 kg Butter	8,20
1 kg Mehl	1,21
1 kg Fleisch	12,85
1 l Vollmilch	1,33
1 Ei	0,27
10 kg Kartoffeln	10,30
1 kg Zucker	1,92
Stundenlohn	24,91

in DM, Stand 1993

1992

Montag 30. März

Gesellschaft

Ein Porträt der Dichterin Annette von Droste-Hülshoff ziert die neuen 20-DM-Scheine, die heute erstmals ausgegeben werden. Im Oktober 1990 begann die Umstellung der Banknoten. Der Wechsel wurde notwendig, weil die alten Scheine als nicht fälschungssicher gelten. Ende Oktober gesellen sich die neuen 5-DM-, 500-DM- und 1000-DM-Scheine dazu. Die Mühe ist umsonst. Schon nach wenigen Monaten steht fest: Die Zahl der Fälschungen steigt seit der Einführung der neuen Scheine.

Kultur

»Das Schweigen der Lämmer« wird in Los Angeles mit fünf Oscars ausgezeichnet. Der Psychothriller von Jonathan Demme handelt von einem Psychopathen (Anthony Hopkins), der dem FBI bei der Überführung eines Serienmörders hilft.

Wetter

Mit gerade 103 Sonnenstunden enttäuscht der März 1992 und bleibt um fast ein Drittel hinter dem langjährigen Durchschnitt zurück. Entsprechend regnerisch ist es mit 79 mm.

Rekorde in den 90er Jahren

Weitsprung: Mike Powell (USA) – 8,95 m (1991)
110 m Hürden: Colin Jackson (USA) – 12,91 sec (1993)
Skifliegen: E. Bredesen (NOR) – 209 m (1994)
Dreisprung: J. Edwards (GBR) – 18,29 m (1995)

1993

Dienstag 30. März

Politik

Von 27 der 745 Bundeswehrstandorte verabschiedet sich Bundesverteidigungsminister Volker Rühe. Er gibt die Schließung der Kasernen und sonstigen Anlagen bekannt. Die militärische Schrumpfung der BRD folgt dem Zwei-plus-vier-Vertrag. Nach dem Fall der Mauer Ende 1989 legten die beiden deutschen Staaten zusammen mit den vier Siegermächten 1990 die Bedingungen für die Wiedervereinigung fest. Eine davon lautet: Truppenreduzierung. Seit 1995 wird sogar erwogen, aus der Bundeswehr eine Berufsarmee zu machen.

Politik

Nach neuen Gewalttaten radikaler Palästinenser sperrt Israel für 1,7 Millionen Palästinenser den Zugang ins Landesinnere. Der Friedensprozeß zwischen Arabern und Israelis wird immer wieder gestört.

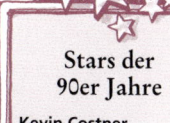

Stars der 90er Jahre

Kevin Costner
Filmschauspieler
Julia Roberts
Filmschauspielerin
Whitney Houston
Sängerin
Michael Schumacher
Rennfahrer
Luciano Pavarotti
Sänger

Wetter

Die 145 Sonnenstunden und die 4,5 °C Durchschnittstemperatur entsprechen jeweils fast den langjährigen Mittelwerten für den März.

1994

Mittwoch 30. März

Gesellschaft

Der Film »Schindlers Liste« von Steven Spielberg beschäftigt das südostasiatische Malaysia. Die Regierung des moslemischen Staates erklärt, sie werde die Aufführung des neuen Films von Steven Spielberg erlauben, wenn alle »sexuell freizügigen« Szenen entfernt würden. Spielberg weigert sich, seinen Film beschneiden zu lassen. »Schindlers Liste« erzählt von einem deutschen Unternehmer, der während der NS-Diktatur mehr als tausend Juden vor der Deportation in Konzentrationslager bewahrte.

Gesellschaft

»Barbie« feiert ihren 35. Geburtstag. Seit 1959 bevölkern die kleinen Puppen Kinderzimmer in aller Welt. 700 Millionen »Barbies« wurden seither von der Firma Mattel verkauft. Nach wie vor sind sie der Traum aller kleinen Mädchen.

Krawatte ist kein Muß mehr: Anzug mit zweireihigem Sakko

Wetter

Reichlich Regen beschert der März 1994. Mit 95 mm Niederschlägen fällt mehr als das Dreifache der gewöhnlichen Menge. Dabei ist es mit 6,2 °C über zwei Grad zu warm.

1995

Donnerstag 30. März

Gesellschaft

Die neue Nationalbibliothek wird in Paris von Präsident Mitterrand eingeweiht. Um einen 12 000 m² großen Innenhof stehen vier gigantische Glaspaläste, jeder 78 m hoch. Sie können auf 430 Regalkilometern rund elf Millionen Bücher aufnehmen. Die Bauten kosteten umgerechnet 7,8 Mrd. DM. Die Presse schimpft auf das gigantische Projekt und wirft dem kunst- und kulturbeflissenen Präsidenten Prunksucht vor. Bereits 1989 veranlaßte er den Umbau des Louvre-Museums, der ebenfalls Milliarden verschlingt.

Für die heißen Sommer der 90er Jahre: Kleid mit Bustieroberteil

Politik

Eine Frau wird erstmals Wehrbeauftragte. Claire Marienfeld tritt die Nachfolge von Alfred Biehle an, der in den Ruhestand geht. Der Vermittlerposten zwischen Regierung und Bundeswehr existiert in der Bundesrepublik seit 1959.

Wetter

Der Frühling stellt sich auch in diesem Jahr relativ regenreich ein. 54 mm Niederschlag fallen.

1996

Samstag 30. März

1997

Sonntag 30. März

1880

Dienstag 30. März

Sean O'Casey
*30.3.1880 Dublin

Mit seinen tragikomischen Theaterstücken wurde O'Casey zu einem der bedeutendsten irischen Dramatiker. Schon sein erstes Stück »Juno und der Pfau« (1924) war so erfolgreich, daß Alfred Hitchcock es 1930 verfilmte. O'Casey kämpfte gegen Unterdrückung und Gewalt und ergriff Partei für den irischen Unabhängigkeitskampf. In »Der Preispokal« (1929) verurteilte er den Ersten Weltkrieg. In späteren Werken wie »Gockel, der Geck« (1949) appellierte er an Toleranz und Menschlichkeit. O'Casey starb 1946 in Torquay.

1934

Karfreitag 30. März

Hans Hollein
***30.3.1934 Wien**

Als extravaganter Baumeister hat sich Hollein einen Namen gemacht. Seine Entwürfe verbinden Architektur mit Kunst und bringen phantasievoll-witzige Bauwerke hervor. Internationale Aufmerksamkeit wurde ihm in den 70er Jahren zuteil, als er ein Wiener Juweliergeschäft durch eine Marmorfassade veredelte und ihr durch einen riesigen Riß das Protz-Image nahm. Große Anerkennung fand sein Museum Abteiberg in Mönchengladbach. 1991 wurde das »dreieckige« Museum für Moderne Kunst in Frankfurt am Main fertig.

1937

Dienstag 30. März

Warren Beatty
***30.3.1937 Richmond/Virginia**

Der Bruder von Shirley MacLaine feierte seinen ersten großen Erfolg als Schauspieler mit der Rolle des romantischen Gangsters in »Bonnie and Clyde« (1967). Er selbst regte zur Produktion des Films an, in dem – ganz Hollywood-untypisch – das verbrecherische Bankräuber-Duo alle Sympathien auf seiner Seite hat. In den folgenden Jahren machte Beatty vor allem wegen seiner privaten Eskapaden Schlagzeilen. Schließlich wechselte er ins Regiefach und wurde für seine John-Reed-Biographie »Reds« 1981 hochgelobt.

1945

Freitag 30. März

Eric Clapton
***30.3.1945 Ripley (Großbritannien)**

Seit über drei Jahrzehnten ist der Gitarrist und Sänger aus der Rockmusik nicht mehr wegzudenken. Sein Markenzeichen sind bluesinspirierte Soli ebenso wie schnelle Rocksongs. Er spielte zunächst bei den »Bluesbreakers«, bei »Cream« und »Blind Faith« mit und war schon weltberühmt, bevor er in den 70er Jahren seine Solo-Karriere startete. Zu seinen größten Hits zählt die melancholische Ballade »Tears in Heaven«. Mit Beginn der 90er Jahre tauchten Claptons Stücke im Rahmen der »Unplugged«-Welle in allen Hitparaden auf.

1964

Ostermontag 30. März

Tracy Chapman
***30.3.1964 USA**

Gleich ihre erste Platte schlug 1988 international ein und machte aus der Studentin der Ethnologie einen Star der Popmusik. Neunmillionenmal ging die Platte weltweit über die Ladentheken, die Auskopplung »Fast Car« stand schon im Juni 1988 in den Top Ten der US-Hitparaden. Zwei weitere Aufnahmen folgten. »Crossroads« und »Matters Of The Heart« wurden aber nicht so erfolgreich wie das Debüt. Kritiker warfen Chapman vor, ihre Arrangements seien auf Dauer zu konventionell und ihre Konzert-Auftritte wirkten zu introvertiert.

Impressum

© Chronik Verlag
im Bertelsmann Lexikon Verlag GmbH, Gütersloh/München 1996

Autor:	Brigitte Esser, Sonsbeck-Labbeck
Redaktion:	Manfred Brocks, Dortmund
Bildredaktion:	Sonja Rudowicz
Umschlaggestaltung und Layout:	Pro Design, München
Satz:	Böcking & Sander, Bochum
Druck:	Brepols, Turnhout

Abbildungsnachweis: Bertelsmann Lexikon Verlag, Gütersloh: 129; Keystone, Hamburg: 128; Public Address, Hamburg: 130, 131, 132.
Modefotos 1900-30er Jahre, Damenmode 40er Jahre, Damenmode 50er Jahre: Bertelsmann Lexikon Verlag, Gütersloh; Modefotos Herrenmode 40er Jahre, Herrenmode 50er Jahre, 60er-90er Jahre: Prof. Dr. Ingrid Loschek, Boxford.
Alle übrigen Abbildungen: Bettmann Archive/UPI/Reuters/John Springer Coll., New York.

Trotz größter Sorgfalt konnten die Urheber des Bildmaterials nicht in allen Fällen ermittelt werden. Wir bitten gegebenenfalls um Mitteilung.

Das Werk einschließlich seiner Teile ist urheberrechtlich geschützt. Jede Verwertung außerhalb der engen Grenzen des Urheberrechtsgesetzes ist ohne Zustimmung des Verlags unzulässig und strafbar. Das gilt insbesondere für Vervielfältigungen, Übersetzungen, Mikroverfilmungen und die Einspeicherung und Verarbeitung in elektronischen Systemen.

ISBN 3-577-30330-1

Bücher aus dem Chronik Verlag sind immer ein persönliches Geschenk

Chronik
Verlag

DIE PERSÖNLICHE CHRONIK

Vom 1. Januar bis zum 31. Dezember

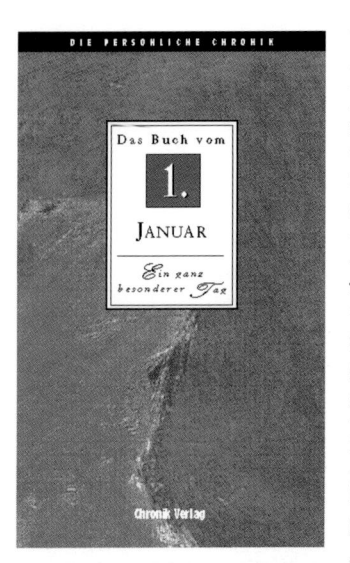

Individuelle Bücher – für jeden Tag des Jahres eines. Mit allen wichtigen Ereignissen, die sich genau an diesem besonderen Tag während der Jahre unseres Jahrhunderts zugetragen haben. Doch trotz all der großen Ereignisse des Weltgeschehens – es gibt immer auch persönlich wichtige Daten für jeden einzelnen Menschen, sei es ein Geburtstag, Hochzeitstag, Erinnerungstag oder der Tag, an dem eine entscheidende Prüfung bestanden wurde. So wird aus einem Tag im Spiegel des Jahrhunderts zugleich auch ein »persönlicher« Tag. Und endlich gibt es für all diese Anlässe das richtige Buch, das passende Geschenk!

Persönliches Horoskop

Was sagen die Sterne zu den jeweiligen Tagen? Außerdem erfahren Sie, welche bekannten Menschen unter dem gleichen Sternzeichen geboren wurden.

Ein ganz besonderer Tag

Hier erfahren Sie, was genau diesen Tag zu einem ganz besonderen Tag macht.

Die Ereignisse des Tages im Spiegel des Jahrhunderts

Von 1900 bis zur Gegenwart werden die Fakten des Weltgeschehens berichtet, pro Jahr auf einer Seite! Mit Beginn jedes Jahrzehnts wird die Dekade kurz in der Übersicht dargestellt. Aufgelockert sind die Fakten durch viele Abbildungen und Illustrationen.

Geburtstage berühmter Persönlichkeiten

Berühmte Personen, die an diesem besonderen Tag Geburtstag haben, finden sich mit ihrem Porträt und kurzer Biographie wieder.

Die persönliche Chronik

366 individuelle Bände
je 136 Seiten mit
zahlreichen Abbildungen
Gebunden

In allen Buchhandlungen

CHRONIK-BIBLIOTHEK DES 20. JAHRHUNDERTS

Von 1900 bis zur Gegenwart

| 1900 |
| 1913 |
| 1914 |
| 1915 |
| 1916 |
| 1917 |
| 1918 |
| 1919 |
| 1920 |
| 1921 |
| 1922 |
| 1923 |
| 1924 |
| 1925 |
| 1926 |
| 1927 |
| 1928 |
| 1929 |
| 1930 |
| 1931 |
| 1932 |
| 1933 |
| 1934 |
| 1935 |
| 1936 |
| 1937 |
| 1938 |
| 1941 |
| 1942 |
| 1943 |
| 1944 |
| 1945 |
| 1946 |
| 1947 |
| 1948 |
| 1949 |
| 1950 |
| 1954 |
| 1957 |
| 1958 |
| 1959 |
| 1961 |
| 1939 |

Die »Chronik-Bibliothek« ist die umfassende Dokumentation unseres Jahrhunderts. Für jedes Jahr gibt es einen eigenen, umfangreichen und zahlreich – überwiegend farbig – bebilderten Band. Tag für Tag wird dabei das Weltgeschehen in Wort und Bild nachgezeichnet – jetzt lückenlos bis an die Gegenwart. Sie können das jeweilige Jahr in chronologischer Folge an sich vorüberziehen lassen, aber die »Chronik« auch als Nachschlagewerk oder als Lesebuch benutzen. Ein prachtvolles Geschenk – nicht nur für Jubilare. Und wer die »Chronik-Bibliothek« sammelt, erhält ein Dokumentationssystem, wie es in dieser Dichte und Genauigkeit sonst nicht zu haben ist.

»Chronik-Bibliothek« des 20. Jahrhunderts
Je Band 240 Seiten
600-800 überwiegend farbige Abbildungen
sowie zahlreiche Karten und Grafiken
12 Monatskalendarien mit mehr als
1000 Einträgen, circa 400 Einzelartikel,
20 thematische Übersichtsartikel
Anhang mit Statistiken, Nekrolog und Register
Ganzleinen mit Schutzumschlag

In allen Buchhandlungen

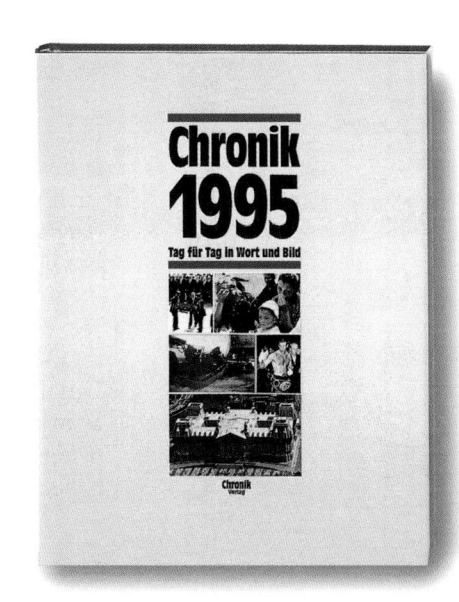